语文学科核心素养教学实践

高中语文
学习任务群教学笔记

吴欣歆◎著

北京师范大学出版集团
BEIJING NORMAL UNIVERSITY PUBLISHING GROUP
北京师范大学出版社

图书在版编目（CIP）数据

高中语文学习任务群教学笔记／吴欣歆著．—北京：
北京师范大学出版社，2020.9（2023.6 重印）
（语文学科核心素养教学实践）
ISBN 978-7-303-26203-8

Ⅰ.①高…　Ⅱ.①吴…　Ⅲ.①中学语文课－教学研究
－高中　Ⅳ.① G633.302

中国版本图书馆 CIP 数据核字（2020）第 157328 号

购 书 服 务 电 话：010-62202386
内容建议反馈电话：010-62202953
公 众 微 信：（1）京师伴你学
　　　　　　　（2）京师语文

出版发行：北京师范大学出版社　www.bnup.com
　　　　　北京市西城区新街口外大街 12-3 号
　　　　　邮政编码：100088
印　　刷：三河市春园印刷有限公司
经　　销：全国新华书店
开　　本：170 mm×240 mm
印　　张：14.75
字　　数：173 千字
版　　次：2020 年 9 月第 1 版
印　　次：2023 年 6 月第 3 次印刷
定　　价：48.00 元

策划编辑：焦　晗　　　责任编辑：焦　晗　张倩怡
装帧设计：秀声秀色　　　责任校对：孙海强
美术编辑：李诚真　　　　责任印制：马鸿麟

前言
PREFACE

　　"语文学科核心素养教学实践"丛书期待呈现核心素养背景下语文学科教育教学变革的真实情境与探索过程，用实际的教学案例阐释对语文学科核心素养的理解，提出对语文学科本质的追问，其特点突出表现为以下三个方面。

　　问题引领的理性实践。"语文学科核心素养教学实践"源自语文教育教学变革中的难点，将语文学科核心素养转化为教学组织形态，将学习任务群、单元整体教学、学科综合实践活动转化为可操作的教学方案，将言语实践活动转化为丰富多彩的教学设计，需要课程理解力，更需要课程执行力，以及执行过程中的反思和重构能力。从感知课程到执行课程，把理念融入教学行为，成为校园里、课堂上的信息传递活动与人际交往活动，只能"兵来将挡，水来土掩"，遇到什么问题解决什么问题，问题是绕不过去的，迎难而上需要勇气和智慧，不能盲信盲从，也不能横冲直撞。理性实践者直面问题，遵循教育教学规律预设解决方案，开展扎实的实践研究，在行动研究的过程中不断更新理念、修正行为，逐渐贴近理念的要求，稳步走向理想的语文教育。理性实践者关注变革过程中的障碍和困难，不畏惧，不退缩，不妥协，不沮丧，即便费力不讨好依然会在费力的难点突破上下大功夫，难点变"热点"当然好，难点成"冷门"也无所谓，他们将问题解决视为最大的研究成果。

学理支撑的教育叙事。这套书首先是写给一线教师的，因此选择了教育叙事的话语方式。教育叙事既可以被看作一种文本呈现方式，也可以被看作一种研究方法，通过讲述教育教学中的故事，展开对教育现象的思索和对教学问题的研究，有机融合客观的过程、真实的体验和主观的阐释。阅读过程如同与作者面对面聊天，听作者讲述自己实践中遇到的问题，想到的解决办法，依据的相关理论，在简单平易的文字中体悟教育教学理念，对比参照，反思自己的教育教学行为。建议读者走进故事深入体验，走出故事深刻思考——这些讲故事的人，如何通过故事展现教育经验的发现和揭示过程。特别需要关注的是支撑起故事的学理框架，符合事理逻辑的故事可信度高，符合教育教学基本原理的教育叙事说服力强。没有系统阐释实践背后的学理依据，并不意味着没有学理，将学理融入叙事过程之中是教育叙事的特点之一。学理支撑的教育叙事依然具有理论性、系统性和严谨性。

过程完整的研究样本。叶圣陶先生说"各种学科的教学都一样，无非教师帮着学生学习的一串过程"，信息经济时代，语文教学的一串过程应该发生哪些变化？这是书中案例的研究缘起。由缘起展开思考，启动学习，明确问题，立足教学难点，厘清研究问题的内涵。按照行动研究的基本方法规划教学实践的基本路径，设计教学方案，分别从教学目标、教学过程、教学内容和教学评价四个角度描述教学特征，记录学生的行为表现，从中提炼出教学策略。进而，参照语文学科核心素养的基本要求检视教学历程，抽取出有效的实施路径与推进策略开启新的验证式实践；梳理出存在的问题重新寻找学理依据，设计新的教学方案。在实践过程中遇见 YES，继续行动，遇见 NO，调整行动，循环往复，直到探索出现阶段相对合理的切实可行的实施方案。其间，可能需要修改事先制订的行动方案以适应不断演化发展的研究过程。丛书作者秉持质性研究的价值取向，强调研究的过程性、情境性和具体性，从中不仅能够看到教学变革的实践成果，还能够看到实践成果的发展历程。在这个意义上说，"语文学科核心素养教学实践"

丛书为广大一线教师提供了可模仿借鉴的过程完整的研究样本。

苏霍姆林斯基说"如果你想让教师的劳动能够给教师一些乐趣，使天天上课不致变成一种单调乏味的义务，那你就应当引导每一位教师走上从事一些研究的这条幸福的道路上来"①，能够引导教师走上研究之路的也许就是一本书、一个人、一项研究、一个案例，帮助教师发现自己的"应为"和"可为"，产生研究的愿望与动力。我们必须认识到，教师从事研究不仅仅可以实现教育教学的变革，还可以提升职业认同感，在持续的研究中确认教师职业的意义和价值，确认自己保有专业发展的良好状态，确认自己一天一天"向前"。最终，教育研究成为教师的生活方式，幸福感不断累加。

"语文学科核心素养教学实践"丛书是成果展，也是宣讲会，希望更多的教师加入语文教育教学变革实践研究的队伍，未来和我们一起布展。

吴欣歆

2020 年 4 月

---

① ［苏］B. A. 苏霍姆林斯基著，杜殿坤编译《给教师的建议》（全一册），教育科学出版社 1984 年第 2 版，第 499 页。

目 录
CONTENTS

学习笔记

第一节 国际视野下的当代教育变革 / 3

一、直面我们所处的时代 / 3

二、认识教育与社会的互动 / 5

三、核心素养教育的全球经验 / 8

第二节 新中国成立以来的教育变革历程 / 13

一、"双基"的提出背景与内涵讨论 / 15

二、三维目标的具体解析与落实情况 / 17

三、从"核心素养"到"学科核心素养" / 20

第三节 语文教学组织形式的发展历程 / 23

一、"文本为纲"的教学组织形式 / 23

二、"知识为纲"的教学组织形式 / 25

三、"行为训练为纲"的教学组织形式 / 28

四、"核心素养为纲"的教学组织形式 / 30

实践笔记

第一节　凸显"学习语文的根本途径" / 35

　　一、路径的突破口：体验式学习活动链 / 35

　　二、体验式学习活动链在"实用性阅读与交流"中的运用 / 37

　　三、体验式学习活动链应用范围的拓展 / 55

第二节　落实"目标发展的综合效应" / 57

　　一、学习目标确定的理论依据 / 57

　　二、"跨媒介阅读与交流"统整性学习目标的达成 / 63

　　三、综合效应需要依托综合的学习内容 / 78

第三节　整合"学习内容、情境、方法和资源" / 89

　　一、研究性学习的有机融入 / 89

　　二、用研究性学习框架实施"中华传统文化专题研讨" / 93

　　三、"学习任务群 + 研究性学习"的设计原则 / 104

第四节　设计"学习项目"组成"学习任务群" / 106

　　一、学习项目的组合关系 / 106

　　二、学习项目的实现路径 / 122

　　三、学习项目推进过程中的课堂教学 / 133

第五节　体现任务群间的"关联性""层次性和差异性" / 137

　　一、设计纵贯式学习活动，体现学习任务群的关联性 / 138

　　二、对照比较学习目标与内容，明确层次性和差异性 / 147

三、关注学习内容"重现"，形成学习任务群的合力 / 161

第六节　探索"综合统筹评价过程"的思路 / 171

一、语文核心素养评价的整体设计 / 172

二、多元组合测试材料，提高测试工具的综合程度 / 174

三、植根现实生活，凸显测试工具的时代特点 / 182

反思笔记

第一节　作为课程目标的语文学科核心素养 / 199

一、语文学科核心素养的内隐性 / 199

二、语文学科核心素养的综合性 / 200

三、语文学科核心素养的导向性 / 202

第二节　作为课程内容的高中语文学习任务群 / 207

一、贯串：相近内容跨越学段、持续关注 / 207

二、循环：相关内容重复出现、循序渐进 / 208

三、融通：内容方法相互照应、综合发展 / 211

第三节　高中语文学习任务群的教学方案 / 213

一、依托教科书自然单元的教学设计 / 213

二、整合教科书学习资源的教学设计 / 215

三、创建校本化学习单元的课程设计 / 218

后　记 / 217

学习笔记

人们可以选择向后并退到安全的地方，或选择向前并由此成长。成长，必须一次又一次地选择；恐惧，必须一次又一次地克服。

——［美］亚伯拉罕·马斯洛

2014 年 3 月 30 日，教育部印发《教育部关于全面深化课程改革 落实立德树人根本任务的意见》，明确提出"全面发挥课程标准的统领作用，协同推进教材编写、教学实施、评价方式、考试命题等各环节的改革，使其有效配合，相互促进"是全面深化课程改革的主要任务之一，提出各学科课程标准要增强思想性、科学性、时代性、适宜性、可操作性和整体性。2018 年 1 月，《普通高中语文课程标准》（2017 年版）正式颁布，2020 年，《普通高中语文课程标准》（2017 年版 2020 年修订）正式下发。两份课程标准充分体现了相关文件要求，凝练出语文学科核心素养，设置了 18 个学习任务群，制定了学业质量标准。

　　作为一名语文教育工作者，面对深化课程改革的任务和要求，面对"高中语文学习任务群"这一新的教学组织形式，后退到自己感觉舒适的地带是不负责任的，选择前进，意味着要不断克服恐惧、消解焦虑，有效的办法是学习：弄清楚我们身处时代的特点，弄清楚当今时代要求的人才培养目标，在时代与教育的大坐标上找到高中语文课程改革的位置，理智地选择方向，努力将理念的蓝图变为真实的画面。

第一节　国际视野下的当代教育变革

经济全球化深入发展，信息网络技术突飞猛进，各种思想文化频繁交流交融交锋；新生代学生自主意识更强、价值追求更多样、个性特点更突出；国际竞争日趋激烈，各国更为关注人才培养战略的转型。当代学生处于不同以往的生存环境与生存状态中，了解国际视野下的当代教育变革需要掌握三个方面的信息：时代特点、教育与时代的互动关系，及与之适应的国际教育变革趋势。

一、直面我们所处的时代

检索社会学家、经济学家对当今时代特点的概括，"经济全球化"和"信息化"是出现频次最高的两个词语。

经济全球化，指世界经济活动已经超越国界，通过对外贸易、技术转移、资本流动等形式，形成相互联系、依存的有机经济整体的过程。各国在全球范围的经济整体中发挥各自的经济优势，共同促进资源在全球范围内的优化配置。在经济全球化的影响下，世界各国经济的联系和相互依赖程度日益加强，经济规则更加趋同。

信息化是当代社会经济发展的重要特征——从以物质与能源为经济结构重心，向以信息为经济结构重心转变。信息化社会高度应用信息技术，高度共享信息资源，以此促进人的智能潜力以及社会物质资源潜力的充分发挥，推动个人行为、组织决策和社会运行走向更加合理的状态。1997年，我国召开首届全国信息化工作会议，将信息化和国家信息化定义为"信息化是指培育、发展以智能化工具为代表的新的生产力并使之造福于社会的历史过程。国家信息化就是在国家统一规划和组织下，在农业、工业、科学技术、国防及社会生活各个方面应用现代信息技术，深入开发广泛利用信息资源，加速实现国家现代化进程"，提出建设国家信息化体系的6个基本要素：开发利用信息资源，建设国家信息网络，推进信息技术应用，发展信息技术和产业，培育信息化人才，制定和完善信息化政策。

经济全球化和信息化催生了知识经济，即"经济增长主要依赖于知识，依赖于信息的传播、使用；它是以高技术产业为支柱，依托智力资源，实现可持续发展的经济；知识经济是以现代科学技术为核心的经济；是建立在知识和信息的传播、使用与消费、使用与储存基础上的一种社会经济"[①]。综合起来看，知识经济是信息型、智力支撑型的经济，以文化生产力为核心，见效快，收益高。

经济全球化扩大了发展共同体的范围，信息化加快了社会发展的速度，知识经济改变了经济力量的原有来源，三者共同作用于时代发展，时代发展的旧有格局被打破，速度越来越快、幅度越来越大、强度越来越高，新时代像一辆奔跑在没有限速设备道路上的战车，滚滚向前，不断加速。

1996年和1997年，俄罗斯国际象棋特级大师卡斯帕罗夫曾经两次与IBM公司开发的超级电脑"深蓝"进行国际象棋比赛，第一次卡斯帕罗夫胜出，成绩是三胜二和一负；第二次"深蓝"胜出，成绩是二胜三和一负。"深蓝"的设计者许峰雄解释"深蓝"取胜的根本原因在于其强大的计算能力，能够穷举所有路数来选择最佳策略："深蓝"靠硬算可以预判12步，卡斯帕罗夫可以预判10步。

2016年3月15日，谷歌人工智能软件"阿尔法狗"4比1战胜世界冠军、围棋职业棋手李世石九段。2017年5月23日，"阿尔法狗"与我国围棋职业九段选手柯洁对弈，柯洁执黑以1/4子负于"阿尔法狗"。业界指出，与"深蓝"相比，"阿尔法狗"在算法之外多了"学法"：谷歌为"阿尔法狗"设计了两个神经网络，"决策网络"负责选择下一步走法，"价值网络"

---

① 王捍政《论知识经济时代的主要特征》，《现代营销》（下旬刊），2019年第6期。

预测比赛胜利方，用人类围棋高手的三千万步围棋走法强化训练神经网络；与此同时，"阿尔法狗"也自行研究新战略，在它的神经网络之间运行了数千局围棋，利用反复试验调整连接点，完成了大量研究工作。"阿尔法狗"赢得比赛可视为深度学习和快速算法组合的胜利。

从"穷举"数据到"自主"学习，人工智能的发展只用了 20 年的时间。时至今日，"阿尔法狗"的算法已经应用到更为广泛的生产生活领域。这是时代发展速度、幅度和强度的典型例证。

经济全球化加速了研究力量的整合，信息化加速了研究成果的传播与应用，知识经济加速了成果的转化及对现实生活的影响，世界变得更为丰富和多元，技术的迅猛发展进一步提高了丰富和多元的程度，加速竞争，使得未来社会有了更多的不确定性和可选择性。时代要求我们能够有效处理复杂环境中的偶然性和不确定性，能够迅速把知识转化为团体组织的力量，面对丰富多彩的社会资源做出科学的选择。秉持单一知识类型、技术手段和价值观念面对单一社会生活情境的时代一去不返。

二、认识教育与社会的互动

从宏观的历史发展阶段来看，教育与社会的互动关系清晰明了。

原始社会，原始人为了适应与改造自然环境，获取生存资料而进行基本的教育活动，教育内容与原始社会的生产生活需要相适应，教育目标是对生存技能的模仿、实践。农耕时代，人类有了相对稳定的生活方式，为保持并延续来之不易的稳定状态，建立了相对稳定的教育体系，主要涉及农耕技能、知识，基本的道德规范，以及后期为出仕而进行的"备考教育"等，我国的"耕读传统"是这个时期的典型表现。第一次工业革命之后，机器生产逐步代替手工生产，社会对熟练工人的需求大大增加，社会发展要求教育内容偏向工业生产需要的基本知识与操作技能，有助于扩大教育规模的班级授课制应运而生，打破了上层社会垄断教育的特权，成为主要的教学组织形式。第二次工业革命迎来了批量工业制品的生产时代，生产流水线化和制作标准化促使教学内容随之发生变化，各国纷纷开始制定统一的教学目标，规定统一的课程内容，编写推行统一的教科书，教育出现了整齐划一的现象。"标准化"的教学内容与组织形式成本低、效率高，能够满足工业时代对专业化、专门化人才的需求；"标准化"的教育导致标准化的选拔制度及评价方式，导致人才培养的"标准件"倾向，无法满足学习者的个性发展需求，不利于学习者主动性和创造力的培养。21世纪以来，信息化技术已经能够代替人类完成大量生产生活工作，个性化学习和终身发展的需求日趋强烈，社会的飞速变革迫切要求人才培养目标的适应性变革。

当代社会的科学技术已经逐步从解决单一特定任务、解决特定领域问题转向促进行业生产变革、全面服务于人类学习、工作和生活发展。当代社会对学习能力、创新能力和社会责任感的要求愈加凸显，未来人才需要具有整合真实世界的学习内容、协同多方力量创造性解决问题的能力，这是教育与社会的互动关系揭示出的发展趋势。

从不同历史时期教育家的思想主张来看，社会发展对人才的需求始终是教育思想发展的巨大推动力。

1632年，夸美纽斯在《大教学论》中提出"百科全书主义课程"，彼时正值文艺复兴时期，人文主义思想兴起，教会控制教育的局面被打破，宗教对科学探索的禁锢逐渐消减；社会生产力的提高、思想观念的解放、科学革命的发展，使得各个门类的知识急剧增长。夸美纽斯认为儿童应该通过教育获得全面、广泛的知识，教育的目的是培养"全知全能"的"智慧接班人"。"百科全书主义课程"倡导的学校课程体系涉及自然、人文、社会、宗教等各方面的知识，主张所有的知识都应经由感官获得，要求按照学生的身心发展阶段编排学习内容，借助周围的生活发展儿童的各种能力。夸美纽斯普及教育、普及知识的主张体现了文艺复兴时期博爱、民主的精神，"把一切知识教给一切人类"的主张顺应了弘扬科学、尊重知识的时代要求。

1806 年，赫尔巴特的《普通教育学》出版，彼时正处于西欧资产阶级革命和资本主义经济发展的上升时期，当时德国在经济上明显落后于英、法等国。正在向资产阶级转化的德国容克地主贵族，为了加强自己的经济实力和政权力量，迫切需要用与社会发展相适应的教育理论和教学方法，培养一批既能维持君主政体又能组织社会生产的人。社会需要促使赫尔巴特整合前人的相关成果和自己的实践经验，创建新的教育理论体系。赫尔巴特提出教育的最高目的是道德和性格的完善，教学可以按照明了、联想、系统、方法四段去进行，认为兴趣就是主动性，兴趣来源于使人感兴趣的事物与活动，只有课程教学才能平衡地培养广泛的多方面的兴趣。基于这种认识，他建立了一个广泛的课程体系：与经验的兴趣相对应的科目有自然、物理、化学和地理等，旨在使学生获得自然的知识；与思辨的兴趣相对应的科目有数学、逻辑和文法等，旨在锻炼思维能力；与审美的兴趣相对应的科目有文学、绘画、音乐等，旨在提升艺术鉴赏力和审美情趣；与同情的兴趣相对应的科目有外国语、本国语等，旨在培养友爱和谅解的精神；与社会的兴趣相对应的科目有历史、政治和法律等，旨在培养群体合作的精神；与宗教的兴趣相对应的科目是神学，旨在培养恭顺与感激之情。赫尔巴特认为教育学要根据伦理学建立教育目的论，要根据心理学建立教育方法论。赫尔巴特初步建立了教育学的科学体系，对 19 世纪的德国乃至世界教育实践产生了巨大的影响。

1916 年，杜威的《民主主义与教育》在美国出版，针对美国传统教育脱离社会、脱离儿童的问题，杜威全面阐述了在芝加哥实验学校及系列教育改革讨论中形成的实用主义教育理论，强调教育的实用价值和人本价值，把教育看作社会活动的一个重要方面，强调教育对人、道德和社会发展的重要影响，使教育摆脱了孤立的知识传授范围，在现代社会生活中获得了应有的地位。杜威认为教育本身是一个社会过程，社会是需要影响教育的重要因素，认为学科知识是社会生活经验的延续，应按照新事物同已有经验结合起来的原则选择和组织教材。儿童的成长本身就是自然的、连续不断的过程，将学科知识和儿童原有的生活经验统一起来，才是真正的教育。杜威阐发的一系列教育思想和主张包括教育超经济超政治、教育即生活、学校即社会、从做中学、儿童中心主义等，对当时美国新教育体制的产生和确立起到了指导作用，用实用主义教育观切实解决了美国传统教育存在的问题。

1960年，布鲁纳的《教育过程》在美国出版，当时的美国已经成为经济强国，但教育落后于科技发展。彼时，东西方两大阵营的对抗进入科学技术竞争的历史时期。1957年苏联第一颗人造卫星的升空，促进了各国对教育，特别是科学教育的重视，推动了美国对包括教育在内的社会生活各个方面进行反思。布鲁纳将教育过程界定为：教师根据教育目的、任务和学生身心发展的特点，指导学生有目的、有计划地掌握系统的文化科学知识和基本技能，发展学生的智力和体力，引导学生形成科学世界观及培养道德品质、发展个性的过程。以"教育过程"的内涵界定为基础，布鲁纳提出了结构主义课程观。结构主义课程观期待用完整而简洁的知识结构帮助学生掌握高难度的学科核心知识，以助力尖端科技人才的培养。按照布鲁纳的观点，知识的学习就是在学生的头脑中形成一定的知识结构，知识结构由学科知识中的基本概念、基本思想或原理组成。知识结构的结构形式通过人的编码系统的编码方式构成，并可通过三种再现模式表现出来，按其在儿童身上发生和发展的顺序分别是动作性再现模式、映像性再现模式和象征性再现模式；一种知识结构的价值，决定于它简化资料、产生新命题和增强使用知识的能力。结构主义课程观，不仅对当时和后来的美国，对世界各国的课程体系建设都发挥了重要而长远的影响。

明确了教育与社会的互动关系，需要讨论的问题是，当今时代背景需要什么样的教育？作为语文教育工作者，我们应该秉持什么样的教育观？在哪些方面推动适应未来社会人才要求的教育教学变革？

三、核心素养教育的全球经验

针对当代社会政治经济形势的发展状况与未来趋势、基于全民终身学习视角、指向 21 世纪社会发展人才培养需要的核心素养教育受到普遍关注。核心素养教育的研究者一致认为"素养"是个体在特定情境下，能够成功地满足情境的复杂要求与挑战，顺利执行生活任务的内在先决条件，是个体在与情境的有效互动中生成的，适应未来社会发展要求的生存能力和竞争实力。"OECD①界定核心素养的逻辑起点是成功的生活和健全的社会……研究团队从个体成功与社会成功两个方面来回答个体和社会需要什么样的素养。同时，该团队还论述了个体需要哪些素养才能适应全球化、知识经济与技术变革的时代。换一句话说，OECD 所选择的素养不是适应当前社会的素养，而是生存与发展于未来全球化、知识经济与技术高度发达的社会的素养"②，旨在回答"如何描述新时代新型人才的形象，如何解读新时代期许的'学力'与'学习'"③。基于上述认识，OECD 提出每个核心素养要素需要满足三个条件：对社会和个体产生有价值的结果，帮助个体满足多样化情境中的重要需求，对学科专家和所有人都重要。

梳理核心素养教育的全球经验需要关注很多方面，本书侧重课程内容和教学方式，选择具有代表性的核心素养框架，按照颁布时间的先后顺序概述如下。

1997 年 12 月，OECD 启动了"素养的界定与遴选：理论和概念基础"项目，确定了三个维度九项素养。

（1）能互动地使用工具，包括三项素养：互动地使用语言、符号和文本，互动地使用知识和信息，互动地使用（新）技术。

（2）能在异质群体中进行互动，包括三项素养：了解所处的外部环境，预料自己的行动后果，能在复杂的大环境中确定自己的具体行动；形成并

---

① OECD，全称为"Organization for Economic Co-operation and Development"，中文名为"经济合作与发展组织"，是由 36 个国家组成的政府间国际经济组织。
② 崔允漷《追问"核心素养"》，《全球教育展望》，2016 年第 5 期。
③ 钟启泉《基于核心素养的课程发展：挑战与课题》，《全球教育展望》，2016 年第 1 期。

执行个人计划或生活规划；知道自己的权利和义务，能保护及维护权利、利益，也知道自己的局限与不足。

（3）能自律自主地行动，包括三项素养：与他人建立良好的关系，团队合作，管理与解决冲突。

2002年美国制定了"21世纪素养"框架，2007年发布了该框架的更新版本，全面、清晰地呈现各种素养以及它们之间的关系。美国"21世纪素养"框架以核心学科为载体，确立了三项技能领域，每项技能领域包含若干素养要求。

（1）学习与创新技能，包括批判性思维和问题解决能力、创造性和创新能力、交流与合作能力。

（2）信息、媒体与技术技能，包括信息素养、媒体素养、信息交流和科技素养。

（3）生活与职业技能，包括灵活性和适应性、主动性和自我指导、社会和跨文化技能、工作效率和胜任工作的能力、领导能力和责任能力。

2006年12月，欧盟通过了关于核心素养的建议案，核心素养包括母语、外语、数学与科学技术素养、信息素养、学习能力、公民与社会素养、创业精神以及艺术素养八个领域，每个领域均由知识、技能和态度三个维度构成。这些核心素养作为统领欧盟教育和培训系统的总体目标，其核心理念是使全体欧盟公民具备终身学习能力，从而在全球化浪潮和知识经济的挑战中能够实现个人成功与社会经济发展的理想。

2010年3月，新加坡教育部颁布了新加坡学生的"21世纪素养"框架，包括核心价值观，社交与情绪管理技能，公民素养、全球意识和跨文化交流技能，批判性、创新性思维，交流、合作和信息技能。

核心价值观包括尊重、负责、正直、关爱、坚毅不屈、和谐。

社交与情绪管理技能包括自我意识、自我管理、社会意识、人际关系管理、负责任的决策。

公民素养、全球意识和跨文化交流技能，包括活跃的社区生活、国家与文化认同、全球意识、跨文化的敏感性和意识。

批判性、创新性思维，包括合理的推理与决策、反思性思维、好奇心与创造力、处理复杂性和模糊性。

交流、合作和信息技能，包括开放、信息管理、负责任地使用信息、有效地交流。

新加坡教育部明确规定学校所有学科的教学，就是为了培育这些素养，最后培养出充满自信的人、能主动学习的人、积极奉献的人、心系祖国的公民。

2013 年 2 月，联合国教科文组织发布报告《走向终身学习——每位儿童应该学什么》。该报告基于人本主义的思想提出核心素养，即从"工具性目标"（把学生培养成提高生产率的工具）转变为"人本性目标"，使人的情感、智力、身体、心理诸方面的潜能和素质都能通过学习得以发展。在基础教育阶段尤其重视身体健康、社会情绪、文化艺术、文字沟通、学习方法与认知、数字与数学、科学与技术等七个维度的核心素养。

上述五个核心素养框架的共同点极为突出——重视未来，强调发展，立足变革的时代趋势。核心素养框架可视为当代共同教育目标的具体体现，时代发展对人才的需求提出了新的要求，对人的学习内容与学习方式也提出了变革的方向，育人目标需要依据时代需求增加新的要素。在教学方式上，核心素养教育也有着不同于传统教育的特点，如表 1-1 所示。

表 1-1　传统教学方式与基于核心素养的教学方式的比较 [①]

教学环节	传统模式下的教学方式	基于核心素养的教学方式
教学目标	知识的获得、能力的增长	问题的解决、品格的形成
教与学的关系	关注教的过程，更多地关注如何教	关注学的过程，研究学生如何学，以学定教

---

① 许祎玮、刘霞《基于核心素养的课程教学改革——基本模式、国际经验及启示》，《北京师范大学学报》（社会科学版），2017 年第 5 期。

续表

教学环节	传统模式下的教学方式	基于核心素养的教学方式
教学内容的选择	教材中的知识	学生最近发展区内的学习内容，有利于学生发展的内容
教师角色	教学过程中的主导者和传授者	学生学习过程的支持者和策划者，优秀品格的示范与榜样
教学环境	支持教师的展示过程	支持学生的自主学习和探究
教学过程	通过讲授、记忆、练习等方式学习知识	通过学习知识发展解决问题的能力，形成良好品格
教学手段	丰富多样的教学手段	有利于学生深层次学习发生和良好品格形成的各种手段
教学评价	知识的掌握、能力的展示	利用知识创造性解决问题，良好品格的展现

　　核心素养强调学生在学校教育环境中形成的解决问题的能力，面向未来社会的精神品格。世界各国近年来的课程改革均非常关注如何在课程标准中呈现关注学生未来发展、培养学生核心能力的特点，这一趋势进一步推动了核心素养教育的研究与发展，形成了课程标准制定与核心素养研究的良好互动。

第二节　新中国成立以来的教育变革历程

回顾新中国成立以来的教育变革历程，相关文件是重要的研究资料，不同历史时期的教育发展状况在课程文件中体现得相对全面、完整。教育方针受制于社会发展状况和受教育者的发展需要，是统率国家教育发展的总目标、总方向。新中国成立以来，我国的教育方针经历了下面的发展历程。

（1）新民主主义教育方针。1949年9月21日至30日，中国人民政治协商会议通过了《中国人民政治协商会议共同纲领》，其中第五章"文化教育政策"第一条中明确规定："中华人民共和国的文化教育为新民主主义的，即民族的、科学的、大众的文化教育。"

（2）"三育"教育方针。1957年2月27日，毛泽东发表《关于正确处理人民内部矛盾的问题》讲话，提出："我们的教育方针，应该使受教育者在德育、智育、体育几方面都得到发展，成为有社会主义觉悟的有文化的劳动者。"

（3）"三个面向"教育方针。1983年9月，邓小平为北京景山学校题词"教育要面向现代化、面向世界、面向未来"。1985年5月27日《中共中央关于教育体制改革的决定》明确教育要"面向现代化、面向世界、面向未来"，"三个面向"是根据中国社会主义现代化建设新时期的总线路、总任务，对教育战线提出的战略方针和教育发展方向。

（4）"三育""四有"教育方针。1986年4月第六届全国人民代表大会第四次会议通过的《中华人民共和国义务教育法》规定："义务教育必须贯彻国家的教育方针，努力提高教育质量，使儿童、少年在品德、智力、体质等方面全面发展，为提高全民族的素质，培养有理想、有道德、有文化、有纪律的社会主义建设人才奠定基础。"1993年2月，中共中央、国务院印发《中国教育改革和发展纲要》规定："各级各类学校要认真贯彻'教育必须为社会主义现代化建设服务，必须与生产劳动相结合，培养德、智、体全面发展的建设者和接班人'的方针。""培养有理想、有道德、有文化、有纪律的社会主义新人。"

（5）"德智体美"教育方针。1999年6月《中共中央国务院关于深化教育改革，全面推进素质教育的决定》指出："以提高国民素质为根本宗旨，以培养学生的创新精神和实践能力为重点，造就'有理想、有道德、有文化、有纪律'的、德智体美等全面发展的社会主义事业建设者和接班人。"

（6）"立德树人"教育方针。2012年，党的十八大提出："坚持教育为社会主义现代化建设服务、为人民服务，把立德树人作为教育的根本任务，全面实施素质教育，培养德智体美全面发展的社会主义建设者和接班人，努力办好人民满意的教育。"

（7）"德智体美劳"五育并重教育方针。2018年9月10日，中共中央总书记习近平首次提出："培养德智体美劳全面发展的社会主义建设者和接班人。"

依据教育方针制定的教育目标与教育教学实践过程联系紧密，能够体现教育变革的发展阶段。课程文件使用的关键概念是教育目标总体发展变化历程的重要表征，反映出不同历史时期我国教育教学内容与方式的侧重点。回顾新中国成立以来的教育变革历程，需要梳理"双基""三维目标""核心素养"三个关键概念，重点关注表1-2列出的文件资料。

表1-2 新中国成立以来的体现教育目标变化过程的相关文件

时间	文件名称	主要内容
1952年	《中学暂行规程（草案）》	提出基础知识、基本技能的概念
1978年	全日制十年制中小学各科教学大纲（试行草案）	充分体现基础知识、基本技能的教育目标
1999年	《关于深化教育改革全面推进素质教育的决定》	全面推进素质教育
2001年	《基础教育课程改革纲要（试行）》	提出知识与技能、过程与方法、情感态度与价值观的课程目标

时间	文件名称	主要内容
2012 年	十八大政府工作报告	提出"立德树人"的教育目标
2014 年	《关于全面深化课程改革 落实立德树人根本任务的意见》	明确核心素养与全面深化教育改革的关系
2016 年	《中国学生发展核心素养（征求意见稿）》	确定"中国学生发展核心素养"的基本内涵与整体框架
2017 年	《普通高中课程方案》（2017 年版）	提出"学科核心素养"是对三维目标的整合

表 1-2 列出的文件内容与不同时期课程与教学的相关研究成果是讨论"双基""三维目标""核心素养"三个关键概念的文件与学理依据。

一、"双基"的提出背景与内涵讨论

"双基"提出于新中国成立初期，各项事业的发展需要大量有扎实科学知识和劳动技能的人才。为培养有社会主义觉悟、有文化的劳动者，1952年，教育部颁布《中学暂行规程（草案）》，提出中学的教育目标之一是"使学生能正确运用本国语文，得到现代化科学的基础知识和技能，养成科学的世界观"。

"人类在历史发展过程中积累起来的知识、技能，涉及的面极广。在以普通教育为目标的学校教育的领域中，是不能全盘教授的，学生的能力也达不到。因此，有必要授予学生明确的、系统的基础知识、技能，以便使学生自己学会灵活地应用这些知识、技能。这样，就得从许多知识、技能中，选择真正的基础知识、技能，并据此构成课程。"① 如何选择、确定基础知识和基本技能呢？关键在于界定"基础知识"和"基本技能"的内涵。

依据"得到现代化科学的基础知识和技能"的教育目标，我国的"基础知识"被视为学科教学的核心，学科被视为科学的浓缩，科学的知识体

① 钟启泉《现代课程论》，上海教育出版社 1989 年第 1 版，第 4 页。

系强调完整和系统，学科的基础知识体系同样强调完整和系统，具体到教材编写，"基础知识"表现为基本概念、原理、公式等内容。1961年，人民教育出版社重编的十年制中小学教材特别强调的指导思想即包括"力求避免片面强调联系实际而削弱基础知识"，"注意基础知识的充实和基本训练的加强"。1977年，全国中小学教材编写工作会议上提出教材编写要"十分重视和精选基础知识"，"为了加强此基础，必须重视基本技能的训练"，即"基本技能"的训练服务于"基础知识"的掌握。

我国课程文件中的"基础知识"不同于"基本知识"，"所谓基本知识，就是无论从事哪种职业的人都需要具备的知识；如果没有这种知识，就不能成为一个现代的、受过全面教育的人"[①]，与OECD强调的"对学科专家和所有人都重要"有共同的价值导向。"双基"的重心在于"基础知识"，基础知识强调学科知识的系统、完整，是掌握更高更深知识的基础，是为进一步学习奠定的基础，对升学更有帮助，更关注"深造"，对于走向社会生活和职业领域的"基础"关注不够。换言之，相较于职业取向和生活取向，"基础知识"的学术取向更加显著。

立足基础知识和基本技能的掌握，教学过程更加关注效率，关注教师对学生学习过程的掌控，教学方式容易偏向灌输，学习方式容易走向机械记忆与重复练习。"双基"追求高效率的知识获取，在我国社会主义建设初期，有利于培养系统掌握科学文化知识的人才，但"双基"对自主学习能力的提高重视不够，对学生个性发展的关注不够，容易造成学生创新意识和实践能力的薄弱，导致国际竞争力的不足。

1996年，国际21世纪教育委员会向联合国教科文组织提交了报告《学习——内在的财富》，指出教育应当促进每个人的全面发展，"首先要学会认

---

① ［苏］姆·阿·达尼洛夫等编著，北京师范大学外语系1955级学生译《教学论》，人民教育出版社1961年第1版，第63~64页。

知……也要学会做事……最后,尤其要学会生存"①。国际教育变革的趋势和社会发展的实际表明:未来社会需要培养的不能只是掌握了基础知识、有能力进一步深造的人才,还应该是了解生活实际,能够处理自己与现实世界关系的个体,侧重"双基"的教育目标已经不能满足时代发展需求与学生成长需要,变革势在必行。

二、三维目标的具体解析与落实情况

时代发展对人才提出新的要求,建立在现代科技基础上的现代经济,要求人们具有更强的获取知识、处理信息的能力,能够通过个性化的方式学会学习、更新知识,发展变革创新的能力,以适应快速发展变化的社会生活。2001年,教育部颁布《基础教育课程改革纲要(试行)》,提出:"改变课程过于注重知识传授的倾向,强调形成积极主动的学习态度,使获得基础知识与基本技能的过程同时成为学会学习和形成正确价值观的过程。"这一定位"强调了课程的功能要从单纯注重传授知识转变为体现引导学生学会学习,学会生存,学会做人。第一,要根据基础教育的性质和时代的特点,确定哪些基础知识和基本技能是学生终身发展必备的,同时应重新界定新时期基础知识与基本技能的概念……第二,要强调学生学习的过程与方法。以前更多关注的是学习的结果,而忽略了学生是通过什么样的学习方式和策略来学习的,死记硬背、题海训练得到的高分,掩盖了学生在学习方式上存在的问题,所以关注学生学习的过程与方式是引导学生学会学习的关键。第三,尤为重要的是要在学习知识的过程中潜移默化地培养学生正确的价值观、人生观和世界观,要引导学生在学习知识的过程中,形成正确的价值选择,具有社会责任感,努力为人民服务,树立远大

---

① 联合国教科文组织总部中文科译《学习——内在的财富:国际21世纪教育委员会向联合国教科文组织提交的报告》,教育科学出版社1998年第1版,第9~10页。

理想"①。《基础教育课程改革纲要（试行）》要求国家课程标准"应体现国家对不同阶段的学生在知识与技能、过程与方法、情感态度与价值观等方面的基本要求，规定各门课程的性质、目标、内容框架，提出教学和评价建议"。

"三维目标"中的"知识与技能"指人类在生活中不可或缺的基本知识与基本技能；"过程与方法"指获取基本知识与基本技能的途径或保障，即内在隐含的逻辑方法和思考方式；"情感、态度与价值观"指在获得知识、学习技能的过程中所隐含的学习情感、学习态度以及个人价值观的发展。三者之间的逻辑关系极为清晰："知识与技能"需要合理的"过程与方法"才能更好地被学生掌握，"情感、态度与价值观"蕴含在学习"知识与技能"的过程中，也渗透在"过程与方法"的推进中，三者分别体现学科本身的认知价值、社会价值和伦理价值，三位一体，共同指向学生全面、有个性的发展。

学习"过程与方法"对学生"情感、态度与价值观"的生成影响显著：被动地接受、机械地模仿，采用死记硬背反复练习的方式达致熟练，容易使学生养成盲从、屈服的心理；借助对话和交流的方式讨论问题，建立师生学习共同体，有助于促进学生沟通交流能力的发展，有助于为学生打造安全的心理空间；创设情境引导学生自主探究，有助于学生形成独立的人格，养成锲而不舍的意志品质。

根据上述概念与关系的讨论，"过程与方法"目标是落实"三维目标"的重中之重。"过程与方法"包括行为层面的操作程序和观念层面的思想方法，具体可以拆分为基本思想方法、学习方法和解决问题的方法。"所谓基本思想方法，是指宏观的、具有普遍指导意义的思想方法，它不仅支配着人们把握客观事物本质属性和一般规律的认识活动，而且支配

---

① 王湛《加大基础教育课程改革力度　扎实做好课程改革实验工作》，《人民教育》，2001 年第 9 期。

着人们解决各种理论问题和实际问题的实践活动。基本思想通常被概括为指导认识活动或实践活动的基本原则，但往往也蕴含在具体的学习方法和解决问题的方法之中，表现为具体的操作程序。""所谓学习方法，是指获取知识、发展技能的操作程序和思想方法。""所谓解决问题的方法，就是为实现特定目标而克服各种困难的操作程序和思想方法。"①基本思想方法、学习方法和解决问题的方法在具体的学习过程中需要全面关注、有机融合。

落实"过程与方法"目标的基本路径是"亲历"与"体验"，关键问题在于选择"亲历"和"体验"的内容与方法。前人大量的实践探索，经由抽象提炼和结构化的过程，形成了少量的认识成果，学校课程在少量的认识成果中抽取出对学生发展最有价值的内容建构课程体系。学校课程不可能完全复原前人的实践过程，而是要选取典型的内容、采用简约的方式帮助学生重新经历前人的实践过程，在此过程中"学生'好像'进入人类历史实践的进程，把握了历史进程的脉搏与节奏，与历史事件、人物在一个频道上共振，与社会历史进程中的亲历者一样，仿佛'亲身''参与'了历史的进程"②。典型的内容、简约的过程能够帮助学生经历人类发现与建构知识的关键环节；促进学生思考知识发现与建构的历史背景；体验人类实践探索的思想历程和价值追求；进而评价知识本身与知识发展、建构的过程。三位一体地实现三维目标，要以统整性的学习活动为载体，帮助学生在典型、简约的"重新经历"中，体验知识形成与发展的过程，通过自主、合作、探究获得学科思想方法，养成良好的情感、态度与价值观。

对三维目标进行理论阐释难度大，在实际教学中践行三维目标的难度

---

① 李亦菲、朱小蔓《新课程三维目标整合的 KAPO 模型》，《天津师范大学学报》（基础教育版），2010 年第 1 期。

② 刘月霞、郭华主编《深度学习：走向核心素养〈理论普及读本〉》，教育科学出版社 2018 年第 1 版，第 42 页。

更大。经过近二十年的推进，三维目标的落实情况并不理想，主要表现为"过程与方法"目标的模糊。"过程与方法"目标要求学生通过亲身实践，积极参与到学习的"过程"中来，通过种种"亲历"行为，掌握学科学习的方法，实现认知图式在头脑中的重建。一线教学普遍存在的状况是教师依然以讲授为主要教学方式，更重视的是学生掌握知识的最终结果，而不是掌握知识过程中行为层面的操作程序和观念层面的思想方法。

三、从"核心素养"到"学科核心素养"

"所谓核心素养，是人们适应21世纪信息时代个人和社会的发展需求，解决复杂问题和适应不确定情境的高级能力和道德意识。它有3个最显著的特点：第一，它是一种高层次能力，以批判性思维、创造性思维和复杂交往能力为核心，而不是记忆能力、知识技能熟练等低层次能力；第二，它具有道德感和社会责任感，倡导负责任的创新、创造与批判，不是所有高层次能力都是核心素养；第三，它具有鲜明的时代特征，因应信息文明的召唤，区别于工业文明和农业文明时期的人的发展，尽管三种文明之间不是割裂和对立的。"①

"发展核心素养，既需要尊重每一个人的个性自由，因以创造性为核心的高层次能力本质上是自由个性的自然表现；又需要转变知识观，让一切知识成为人们探究的对象和使用的工具，每一个人都有权利对任何知识产生自己的理解；还需要转变知识技能的教学与学习方式，让知识的发明创造过程本身变成教学与学习，因为人只能在创造中学会创造。"②

2016年，《21世纪学生发展核心素养研究》出版，从基础理论研究、国际比较研究、传统文化研究、实证调查研究、现行课标研究、教育实践探索等角度系统化地展开对核心素养的探索与分析，全方位阐释了中国学

---

① 张华《正确处理核心素养与"双基"的关系》，《人民教育》，2016年第19期。
② 同上。

生发展核心素养的内涵。

学生发展核心素养主要指学生应具备的，能够适应终身发展和社会发展需要的价值观念、必备品格和关键能力。中国学生发展核心素养，以科学性、时代性和民族性为基本原则，以培养"全面发展的人"为核心，分为文化基础、自主发展、社会参与三个方面。综合表现为人文底蕴、科学精神、学会学习、健康生活、责任担当、实践创新六大素养，具体细化为国家认同等十八个基本要点。

文化是人存在的根和魂。文化基础，重在强调能习得人文、科学等各领域的知识和技能，掌握和运用人类优秀智慧成果，涵养内在精神，追求真善美的统一，发展成为有宽厚文化基础、有更高精神追求的人。

自主性是人作为主体的根本属性。自主发展，重在强调能有效管理自己的学习和生活，认识和发现自我价值，发掘自身潜力，有效应对复杂多变的环境，成就出彩人生，发展成为有明确人生方向、有生活品质的人。

社会性是人的本质属性。社会参与，重在强调能处理好自我与社会的关系，养成现代公民所必须遵守和履行的道德准则和行为规范，增强社会责任感，提升创新精神和实践能力，促进个人价值实现，推动社会发展进步，发展成为有理想信念、敢于担当的人。

我国基于核心素养的课程教学变革采取了整体嵌入式的自上而下的指导模式，"先建立核心素养框架体系，进而把整个核心素养框架作为培养目标全部嵌入课程体系，即基于核心素养框架研制课程标准、设立课程目标、开发课程资源，由核心素养支配整个课程建构与实施"[1]，为充分发挥核心素养对课程的整体指导作用，我国普通高中课程标准的修订要求学科设置、教学与评价都要面向核心素养的培养目标，凝聚合力促进学生核心素养的

---

① 许祎玮、刘霞《基于核心素养的课程教学改革——基本模式、国际经验及启示》，《北京师范大学学报》（社会科学版），2017 年第 5 期。

形成。

　　"中国学生发展核心素养是党的教育方针关于人的全面发展要求的具体化、细化。为建立核心素养与课程、教学的内在联系，充分发挥各学科课程、教学在全面贯彻党的教育方针、落实立德树人根本任务、发展素质教育等方面的独特育人价值，各学科基于学科本质凝练了学科核心素养，明确了学生学习相应学科课程后应达成的正确价值观念、必备品格和关键能力，并围绕学科核心素养的落实，精选、重组教学内容，设计教学活动，提出考试评价的建议，目的是切实引导各学科教学在传授学科知识过程中，更加关注学科思想、思维方式等，克服重教书轻育人的倾向。"①

　　如前所述，学科核心素养在普通高中各学科课程标准中被正式提出，成为新时代课程教学变革的关键概念。

---

　　①　王湛《普通高中课程修订后的主要变化》，《基础教育参考》，2018 年第 3 期。

第三节　语文教学组织形式的发展历程

"20 世纪 90 年代就已经到来的全球信息化时代，到了 21 世纪后很多特点更加凸显，对语文教育的发展来说，有两点影响最为重大：其一，信息传播的速度、广度和信度以及信息技术的功用迅速提高，已经直接影响到人的学习方式和精神世界。为了适应这个现实，人才培养模式必须改变。其二，由于人类发展的相互依靠，促使跨文化交流频繁，每个国家都在努力提高自己母语教育的质量，以增强国家文化发展软实力。"[①]《普通高中语文课程标准》（2017 年版 2020 年修订）将"语文学科核心素养"提炼为语言建构与运用、思维发展与提升、审美鉴赏与创造、文化传承与理解四个方面，以发挥语文课程对立德树人总目标的独特价值与作用。语文学科核心素养的提出，推进了语文课程教学组织形式的变化。梳理我国语文教学组织形式的变化历程，有助于我们理解语文学科核心素养"从哪里来"，应该往"哪里去"。教材是教学的重要资源，剖析不同时期的教材编排特点是分析语文教学组织形式的路径之一。

一、"文本为纲"的教学组织形式

"文本为纲"的教学组织形式是对我国传统语文教育经验的继承与发展。传统意义的语文教材《昭明文选》和《古文观止》都是典型的"文选类"，所选文章被视为学习前代文章的标本，编写目的在于期待后世阅读典范文章，学习其中的写作技巧，借此提高写作水平。文选型教材，是我国很长一段时间的教材编写范式；以文本为纲开展语文教学，一篇一篇地精

---

① 王宁《实施〈普通高中语文课程标准〉（2017 版）的关键问题》，《人民教育》，2018 年第 6 期。

读精讲是我国语文教学的传统方式。"这是因为语文课引导学生揣摩的是各种语言现象，而语言必须在一定语境中构成相对完整的表达体系时才成为传递思想感情的工具。正是基于这种原因，我们才以课文作为教材的单位。这就是我们历久不衰的'文章体系'。然而每篇课文都是一个相对完整而独立的表达系统，麻雀虽小，五脏俱全，是各种表达因素的综合反映。它们自具首尾，对其他课文而言，呈现为封闭状态，课文与课文之间缺乏必然的联系。如果打一个通俗的比方，这些选文是一颗颗珍珠，但并不是一条项链。自《昭明文选》到《古文观止》莫不如此，它构成了我国语文教材的基本模式。"①

古代文选型语文教材以《昭明文选》和《古文观止》为代表，近代文选型语文教材的典型首推《中学堂国文教科书》，这套教材由吴曾祺编写，1908年商务印书馆出版，是当时最为通用的中学国文课本。《中学堂国文教科书》"按文学史时期逆序选文，由今到古地分编五册，第一册清朝文，第二册金元明文，第三册五代宋文，第四册晋唐文，第五册周秦汉文。沿流溯源，由近及远。全套课本选文709篇，涉及作者266人……课本编辑意图是：'学生至入中学堂，多读经书，渐悉故事。此时急宜授以作文之法。……兹编所选，专以助人之精神兴趣，而仍不戾于绳尺者为主'"②。

综合《昭明文选》《古文观止》《中学堂国文教科书》，其共同特点比较明显：选择典范性的文章，按照某种顺序编排，帮助学生经由"多读"实现"能写"，依托"多读多写"实现语文能力（特指写作能力）的提高。

"文本为纲"的教学组织形式，继承了我国传统语文教育"多读多写"的经验，反映了对语文学习过程朴素但粗糙的认识，容易导致教学随意性和盲目性：同一篇文章，不同的老师执教会有不同的侧重点；同一篇文章，在不同学段执教，会有不同的要求。更大的问题是，直接导致"语文教材＝

---

① 章熊《谈中学生语言能力的培养》，《学科教育》，1993年第3期。
② 朱绍禹、庄文中主编《国际中小学课程教材比较研究丛书·本国语文卷》，人民教育出版社2001年第1版，第440页。

语文课文"的认识长期存在，导致"串讲"成为长期稳固的语文教学方式，按照课文顺序从头讲到尾，教学以线性推进为主要特点，学生的学习过程主要是理解分析鉴赏"这一篇"，背后隐含的观念是期待学生自己能领悟，举一反三。"文本为纲"的另一个影响体现为长期以来我国的语文教育更重视写作，阅读服务于写作，"以读促写"的认识根深蒂固，语文学习的其他内容领域长期属于被忽视的地位。

"文本为纲"的教学组织形式，教学内容比较零散，教学方式相对单一，学生积累一定数量的文本材料后，"转化"主要依靠"悟性"，语文教学质量较大程度上依赖教师和学生的主观经验，科学化程度有待提高。这种影响，时至今日，依然存在。

不可否认的是，语文学习需要文本细读和精讲，但不能过于散漫，仍然需要把学科知识体系作为教学内容的整体架构，需要有明确的教学目标组织教学内容，需要有合理的评价方案促进学生语文能力的整体提高。

二、"知识为纲"的教学组织形式

早在 1906 年，刘师培编写的《中国文学教科书》已经以语言文字知识为纲，"共编十册，先明小学之大纲，依次析字类，论句法、章法、篇法，总论古今文体，配以选文"[①]，打破了文选型语文教材的编写模式。在现代文选型语文教材中，"有意识地编进系统的语文基础知识短文，开创者是著名文学家赵景深和傅东华"[②]，自此知识系统就成了后来许多同类教科书的重要组成部分，其中最具代表性的是夏丏尊和叶圣陶合编的《国文百八课》。

夏丏尊、叶圣陶编写的《国文百八课》被视为我国现代语文教科书的开端，开启了语文教育科学性的探索之路。这套教材计划编写 6 册，实际

---

① 朱绍禹、庄文中主编《国际中小学课程教材比较研究丛书·本国语文卷》，人民教育出版社 2001 年第 1 版，第 440 页。

② 李杏保、顾黄初著《中国现代语文教育史》，四川教育出版社 2004 年第 3 版，第 139 页。

出版 4 册，由开明出版社从 1935 年到 1938 年先后印出。教材采用分课混合编写的方法，计划编入 108 篇课文（实际出版 4 册，每册 18 课，共编入 72 篇课文），每篇课文设定为一个单元，规定相应的教学目标，每个单元设置文话、文选、文法或修辞、习问四项，四项内容相互联系。在选文上，语体文多于文言文，还选入了相当数量的应用文和说明文。从具体的课文选编与体例设计，可以看到这套教材单元组合的方式对以往教材的突破。

第一册的第十二课，文话为"叙述的顺序"，配合文话的文选为写人的《武训传略》和一篇记事的《五四事件》，这两篇课文都是按照时间顺序叙述的，为凸显这一特点，教材编者并没有引导学生分析《武训传略》的人物形象、精神品质，也没有启发学生关注五四事件的时代意义，习问部分的设计与文话一致，共同指向"叙述的顺序"，设置了两个题目。

1. 文选二十二（《武训传略》）、二十三（《五四事件》）里面，有时间不相连续的部分吗？作者对于这种部分，用着怎样的叙述方法？

2. 文选二十二、二十三里面，有不是叙述性质的文句吗？如有试举出来。①

由此可见，《国文百八课》的单元组合以语文知识学习为首要目的，文选篇目首先是文话和文法的范文与例文，习问指向文法和写作知识的练习巩固。

《国文百八课》比较充分地体现了叶圣陶对"五四"以来语文教育的反思："'五四'以来国文科的教学，特别在中学里，专重精神或思想一面，忽略了技术的训练，使一般学生了解文字和运用文字的能力没有

---

① 夏丏尊、叶绍钧编《国文百八课》，生活·读书·新知三联书店 2008 年第 1 版，第 108~109 页。

得到适量的发展，未免失掉了平衡"①；"知识不能凭空得到，习惯不能凭空养成，必须有所凭借。那凭借就是国文教本。国文教本中排列着一篇篇的文章，使学生试去理解它们，理解不了的，由教师给予帮助（教师不教学生先自设法理解，而只是一篇篇讲给学生听，这并非最妥当的帮助）；从这里，学生得到了阅读的知识（即方法）。更使学生试去揣摩它们，意念要怎样地结构和表达，才正确而精密，揣摩不出的，由教师给予帮助；从这里，学生得到了写作的知识（即方法）"②。叶圣陶反对孤立地教授知识，在《国文百八课》中，他使用知识短文与选文结合的方式讲解知识，比如知识短文《诗的本质》，为说明诗的本质不在于句法整齐和押韵，而在于艺术地表达情感，选编鲁迅的《秋夜》等四篇诗文作为例证，说明其虽然没有诗的形式，但表达了深厚的情感，体现出诗的本质；进而，选取课本中一首押韵的新诗，一首散文诗补充例证。采用这种编写方式，知识短文就不是干巴巴的"信息"，而是帮助学生建构知识的"引导"。

在知识的选取和排布上，叶圣陶主张关注实用性，选择学生在阅读过程中需要的语法、修辞、文体知识，以促进学生的阅读理解和语文学习，建议把"知识"的概念扩大，把能力也包括进去。要让学生把知识化为自己的血肉，在生活中能够随时运用，教学的目的才算达到了。"比如，讲语法，单讲名词术语的定义是解决不了问题的，要多培养学生把一句话切成几段的能力；把一句切成了几段，主语、谓语、宾语、定语、状语、补语，自然就会清楚的。他曾经跟几位大学生一起读一篇《人民日报》社论，就用'切'的方法，分清节与节、段与段、句与句、句中各种成分的关系，这样一层一层往下切，对社论的理解比较深刻，语法和篇章结构方面的问

① 叶圣陶《叶圣陶语文教育论集》，教育科学出版社 2015 年第 1 版，第 38 页。

② 叶圣陶《叶圣陶语文教育论集》，教育科学出版社 2015 年第 1 版，第 3 页。

题，也一一解决"。① 这一主张在《义务教育语文课程标准》（2011年版）中仍有体现，"本标准'学段目标与内容'中涉及语音、文字、词汇、语法、修辞、文体、文学等丰富的知识内容，在教学中应根据语文运用的实际需要，从所遇到的具体语言实例出发进行指导和点拨"②，从实际情况来看，这一要求在一线教学中并未得到很好的落实。

叶圣陶在《国文百八课》中关注的不仅仅是陈述性知识，还有程序性知识和反思性知识，遗憾的是，以后的很长一段时间，语文教学的重心在于陈述性知识，教材成了"静态知识"的载体，语文课程长期偏向知识的传授、训练。"知识为纲"的教学组织形式，问题不在于注重知识，而在于偏重知识的机械记忆，学生不能在真实的情境中应用知识，更像是知识的"搬运工"，把知识从课堂搬到试卷上。怎样才能基于深切的了解与灵活的应用呈现语文知识？如何帮助学生在言语情境中学习语文知识，进而应用于新的言语情境之中？这是早已被认识到，但始终没有解决的问题。

三、"行为训练为纲"的教学组织形式

1963年的《全日制中学语文教学大纲（草案）》明确规定："中学语文教学的目的，是教学生能够正确地理解和运用祖国的语言文字，使他们具有现代语文的阅读能力和写作能力，具有初步的阅读文言文的能力"；"初中阶段，在小学的基础上使学生继续认识生字，掌握较丰富的词汇，进一步提高阅读能力和写作能力，基本上掌握现代语文，作文能够段落分明，语意清晰，用词适当，正确地使用标点符号，字写得端正，不写错别字；并且为获得初步阅读文言文的能力打下必要的基础"；

---

① 顾振彪《叶圣陶关于编写中学语文教材的论述》,《课程·教材·教法》,2018年第1期。

② 中华人民共和国教育部《义务教育语文课程标准》（2011年版），北京师范大学出版社2012年第1版，第25页。

"高中阶段，使学生继续提高阅读能力和写作能力，正确地理解和运用现代语文，作文能够思路畅达，文理通顺，用词确切；具有初步阅读文言文的能力"。

为达到《全日制中学语文教学大纲（草案）》的要求，1963 年，刘国正、张传宗主编的《初级中学课本·语文》在编写方式上催生了"行为训练为纲"的教学组织形式。

这套教科书以阅读和写作能力的提高为编写标准，体现语文是基本工具的指导思想："语文是学好各门知识和从事各种工作的基本工具。中学语文教学，要使学生具有现代语文的阅读能力和写作能力，具有初步阅读文言文的能力；作文要文理通顺，用词确切，正确地使用标点符号，字写得端正，不写错别字。"[1] 围绕训练重点组织课文，配合课文编入语文知识短文，按照训练要求编配练习。教材涉及的语文基本训练内容包括识字、写字、遣词、造句、标点、分段、布局、谋篇等等，配合课文安排语法、逻辑、文言词汇和句式等知识短文。初中阶段主要讲授语法及应用文写作，计划编入 20 多篇读写知识短文，其中第一至四册正式出版。

第一册:《字典和词典》《记叙的要素》《观察和记叙》《材料和中心》《便条和单据》《通知和启事》

第二册:《记叙的详略》《记叙的连贯和照应》《书信》《专用的书信》

第三册:《公约和规则》《说明书》《记录》《读书笔记》

第四册:《详写和略写》《文章的种种表达方式》《计划》《语法学习提纲》

第五册:《合同》《表格》《新闻》《对联》

第六册:《黑板报》《广播稿》《计划》《总结》

这套教科书按照年级排布了读写教学的重点："初一着重培养记叙能力，

---

① 课程教材研究所《新中国中小学教材建设史（1949-2000）研究丛书·中学语文卷》，人民教育出版社 2010 年第 1 版，第 122 页。

初二着重培养说明能力，初三着重培养议论能力；高一着重培养比较复杂的记叙能力，高二着重培养比较复杂的议论能力，高一、高二还要继续培养说明能力，高三巩固和加深各种阅读能力和写作能力。"①

《初级中学课本·语文》倡导的教学组织形式对我国语文教育教学的影响极大，"知识先行""能力为纲"的教学组织形式在今天依然能够看到鲜明的印记。知识短文成为单元教学的"纲领"，教师利用知识短文，帮助学生建构概念体系，阅读成为验证知识的过程。用文体知识、语法修辞知识带动阅读的现象屡见不鲜，将写作拆分为若干个行为训练过程的教学经验广为流传。"行为训练为纲"的教学组织形式，突出表现为以单篇课文为载体，进行学科知识点的解析、练习，进行学科技能的逐项训练，语文学习呈现出简单的线性排列的趋势，未能完全体现语文学习的基本规律。

四、"核心素养为纲"的教学组织形式

经济全球化和信息化的发展已经把静态的知识变为各种形态的信息，可以通过检索轻易获得，文本为纲、知识为纲、行为训练为纲的语文教育已经不能满足学生发展的需要。随着《普通高中语文课程标准》（2017 年版）的颁布，语文教学转向以"核心素养为纲"的教学组织形式。

"语文课程是一门学习祖国语言文字运用的综合性、实践性课程。工具性与人文性的统一，是语文课程的基本特点。语文课程应引导学生在真实的语言运用情境中，通过自主的语言实践活动，积累言语经验，把握祖国语言文字的特点和运用规律，加深对祖国语言文字的理解与热爱，培养运用祖国语言文字的能力；同时，发展思辨能力，提升思维品质，培育社会主义核心价值观，培养高尚的审美情趣，积累丰厚的文化底蕴，理解文化

---

① 课程教材研究所《新中国中小学教材建设史（1949-2000）研究丛书·中学语文卷》，人民教育出版社 2010 年第 1 版，第 123~124 页。

多样性。"①

综合性，主要指语文课程内容、教学内容和教材内容的整体性，这些内容既有知识层面的，也有能力与素养层面的，既有语言与思维的内容，也有审美与文化的内容，是一个有机的融合体；实践性，主要是指围绕语言文字运用展开的教的活动与学的活动，教和学都要以积极的言语实践活动为载体并通过具体的言语实践活动表现其发展水平。

工具性着眼于语文课程培养学生运用语言文字的实践功能；人文性着眼于语文课程引领学生价值观、养成情感态度的熏陶功能。

"真实的语言运用情境""自主的语言实践活动"，强调学习语言文字的核心目标是运用，依据具体情境，运用的形式具有多样性，教师应组织学生在具体的语言运用情境中，开展丰富的语言实践活动，在此过程中积累言语经验，把握祖国语言文字的特点和运用规律。素养是内在的价值观念、关键能力和必备品格，需要学生在真实的体验中获得经验。

核心素养为纲的语文教学，需要为学生提供自主学习的资源、场所，学校不再只是信息传递中心，更多地发挥着人际交往中心的作用，依托自主、合作、探究的学习环境实现知识的建构、能力的发展、素养的提高。

核心素养为纲的语文教学，更加强调语文学习的综合性。《普通高中语文课程标准》（2017 年版 2020 年修订）把语文学习活动分为三类——阅读与鉴赏、表达与交流、梳理与探究。语文课程的性质说明，在三类主要的语文学习活动中，语言积累、梳理与探究占有重要地位。学生阅读典范的语言文字作品，从中学习他人优秀的言语实践经验，在大量的语言材料中积累和梳理语言现象，认识祖国语言的特点和运用规律，遵循这些规律规范和优化自身的言语表达。在各类学习资源中，语文学习的各个内容领域综合呈现，学生需要在具体的实践活动中学习他人的经验，总结一般的规

---

① 中华人民共和国教育部《普通高中语文课程标准》（2017 年版 2020 年修订），人民教育出版社 2020 年第 2 版，第 1 页。

律，进而形成自己的经验。

核心素养为纲的语文学习资源更为丰富多元，其中的文本资源不仅仅是阅读与鉴赏的对象，也是梳理与探究的载体，还是生成表达与交流的平台。教材文本为学习活动的推进提供资源、奠定基础。文本学习的要求指向的不是简单的听说读写技能的语言训练，不是语言运用技巧的简单拆分，而是要求学生在阅读鉴赏活动中学习他人的言语表达，从中总结出社会共同的语言运用规律，在此基础上运用语言、关注文体特点，积累语言材料，丰富和发展自己的语言表达，形成个性化的言语风格。

核心素养为纲的语文教学，不是不需要文本、不需要知识、不需要行为训练，而是要统整文本、知识和行为训练，设置情境，帮助学生在大单元的整体活动设计中稳步提高语文学科核心素养。

实践笔记

　　教育不仅是师生之间或教师与儿童父母之间的事情，教育方法和课程发生的变化或变革不是教师个人心血来潮的创造，赶时髦或某些细节的改善，而是适应正在形成中的新社会需要的一种努力。

——［美］约翰·杜威

面对新的教学组织形式，期待用真实的教学案例回应课程文件的具体要求，采用理性实践的方式，逐一探索课程文件难点问题的解决方案，深入一线设计、实施教学过程，获取第一手资料，细致分析学生的学习过程，梳理总结高中语文学习任务群的教学经验。下面按照《普通高中语文课程标准》（2017 年版 2020 年修订）阐释学习任务群的关键词，顺次呈现理解要求、教学实践的过程。

第一节 凸显"学习语文的根本途径"

《普通高中语文课程标准》(2017 年版 2020 年修订)在基本理念中明确提出要加强实践性,促进学生语文学习方式的变革,"语文课程作为一门实践性课程,应着力在语文实践中培养学生的语言文字运用能力","要引导学生在语言文字运用的过程中发现问题,培养探究意识和发现问题的敏感性,探求解决问题和语言表达的创新路径"[①],语文实践活动的核心是言语实践活动,设计符合学生认知发展规律的言语实践活动,成为凸显"学习语文的根本途径"的难点问题。

一、路径的突破口:体验式学习活动链

"路径"在语文学习中体现为学习过程,《普通高中语文课程标准》(2017 年版 2020 年修订)倡导在言语实践活动过程中完成语文学习的任务,整体提高语文学科核心素养。综观各种学习理论,体验式学习的思路符合这一要求,体验式学习要经历"具体体验、反思观察、抽象概括和行动应用"[②]四个阶段,这四个阶段分别对应感知学习、反思性学习、理论学习和实践四种最为有效的学习方式。参照体验式学习理论,设计体验式学习活动链应该能够凸显"学习语文的根本途径"。经过理论梳理和实践总结,体验式学习活动链的基本环节设定为"亲历—反思—抽象—检验—交流—重构"。

亲历,即亲身经历,主要是学生个体独立完成的学习任务。在学校教育中,我们很难将所有的学习活动置于真实的社会生活情境中,更多的是

---

① 中华人民共和国教育部《普通高中语文课程标准》(2017 年版 2020 年修订),人民教育出版社 2020 年第 2 版,第 3 页。

② [美]D.A. 库伯著,王灿明等译《体验学习——让体验成为学习和发展的源泉》,华东师范大学出版社 2008 年第 1 版,第 35 页。

设计符合生活逻辑的情境，让学生在情境中亲身经历或者进行移情性理解，获得直接经验或感受。

反思，包括回顾和内省两个心理过程。学生梳理亲历过程，在此过程中追问自己的知识运用、策略选择，通过自我反省的方式思考个人的优势和局限。这是让体验具有意义的关键性要素。

抽象，是学生从感性体验中抽取理性认识、建构知识框架、总结学习经验的过程，抽象的程度是学生学习能力的重要表现之一。

检验，是学生自我评价的过程，内容涉及在学习过程中是否获得了知识或经验，这种知识或经验的正确性，是否在"获得的"和"已有的"知识经验中建立了合理的联系等。

交流，不同学生展示自己亲历过程中的感受、认识与思考，在呈现学习成果的同时分享获得学习成果的思维方式与学习策略，充分展现个性化和差异性，促进彼此学习能力的提升。

重构，即学生吸纳他人亲历的经验，通过借鉴他人的思维方式和学习策略，修改完善现有学习成果、知识结构、认知方式和学习经验。这一环节不一定发生在课堂上，可能具有延时性。

针对具体内容的学习过程不需要包括上述所有环节，但必须涵盖亲历、抽象和重构三个基本环节，即设计学习情境帮助学生亲身经历言语实践活动的完整过程，在这个过程中形成对知识与能力，过程与方法，情感、态度与价值观的体验，凝练出基本的知识结构，经由师生交流发现这一知识结构存在的问题，修改、完善，重新建构新的思考与认识。

体验式学习跟验证式学习在实现路径上有较大差异。比如概括《老人与海》主人公的形象特点，验证式学习直接给出观点："《老人与海》塑造了世界文学史上经典的'硬汉形象'，请阅读小说，选择章节分析'硬汉形象'体现在哪里，有什么特点？"学生的阅读过程主要是围绕观点选取证据，阅读目的在于提取信息证明既定观点。体验式学习为学生提供生成观点的路径："分析小说人物形象，要关注环境、情节和人物的表现，请大家阅读小说，圈画出最触动你的环境、情节和人物表现，建立三者的联系，概括主人公的形象特点。"学生亲历了阅读检索的过程，反思检索到的内容，概括出人物形象的特点，再次阅读文本证实或者推翻自己的观点，跟其他同学交流，融合他人的观点、完善自己的观点，重新建构自己对人物形象特点的认识。在这样的过程中，学生不仅完成了学习任务的内容要求，而且优化了原有的认知图式，生成了新的行为程序和思想方法。综合上述讨论，体验式学习活动链的基本环节可以作为学习任务群活动设计的一般思路。

二、体验式学习活动链在"实用性阅读与交流"中的运用

"实用性阅读与交流"是《普通高中语文课程标准》（2017 年版 2020 年修订）必修阶段的学习任务群之一，"本任务群旨在引导学生学习当代社会生活中的实用性语文，包括实用性文本的独立阅读与理解，日常社会生活需要的口头与书面的表达交流。通过本任务群的学习，丰富学生的生活经历和情感体验，提高阅读与表达交流的水平，增强适应社会、服务社会的能力"[①]。具体的学习内容分为社会交往类、新闻传媒类和知识性读物类，学习目标定位为："学习多角度观察社会生活，掌握当代社会常用的实用文本，善于学习并运用新的表达方式；学习运用简明生动的语言，介绍比较复杂的事物，说明比较复杂的事理。"[②]覆盖三类学习内容的关键行为动作涉及观察、学习运用、介绍说明。

"实用性阅读与交流"设置 1 学分，18 课时。教学要求为"教学以社会情境中的学生探究性学习活动为主，合理安排阅读、调查、讨论、写作、口语交际等活动"[③]。按照《普通高中语文课程标准》（2017 年版 2020 年修订）的要求，学习活动设计需要关注两个重点——社会生活情境、探究性学习活动。

---

① 中华人民共和国教育部《普通高中语文课程标准》（2017 年版 2020 年修订），人民教育出版社 2020 年第 2 版，第 20 页。

② 同上。

③ 同上。

三类学习内容在文体上有共同特征，但分属不同的社会生活领域，"实用性阅读与交流"任务群的课时分配适宜"平列均分"，整体安排示例如下。

用6课时组织实施一个社会交往类内容的学习活动。根据学校和学生实际发展的需要，可以选择"活动策划"为项目学习的核心内容，"活动"可大可小，可以采取的形式多种多样。策划活动需要召开会议，需要跟活动涉及的各个部门协商甚至谈判，需要组织关于活动设计与文案呈现方式的讨论活动。社会生活情境下的"活动策划"包括会议通知、会议纪要、谈判策划书、讨论会备忘录、活动策划书、活动倡议书等言语实践活动，学习活动设计不仅要引领学生体验真实的实践过程，还要提醒学生用实用性文本记录活动过程，发布相关信息。

用6课时完成一本知识性读物的阅读交流。师生共同选择一部介绍最新科技成果的科普作品或流行的社会科学通俗作品阅读研习，比如朱光潜的《谈美书简》、朱自清的《经典常谈》、曼吉特·库马尔的《量子理论：爱因斯坦与玻尔关于世界本质的伟大论战》、梁思成的《图像中国建筑史》、陈从周的《园林清话》等。按照整本书阅读的一般要求设计全书概览、自主通读、师生共同研读、阅读成果的展示与发布等学习环节。图2-1呈现了教师组织学生阅读《桥梁史话》的基本思路。

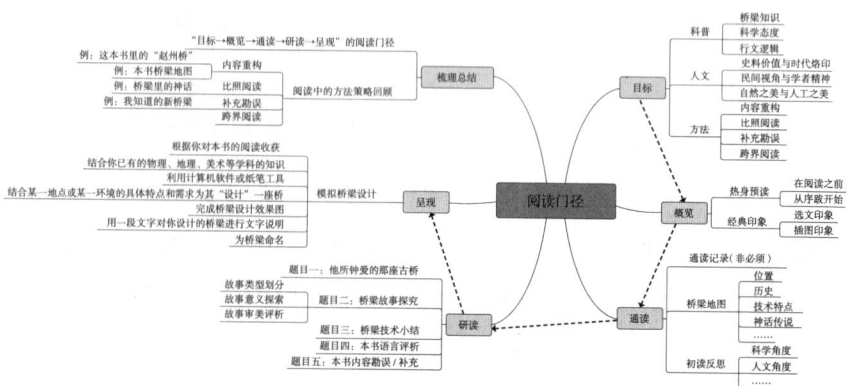

图2-1 《桥梁史话》阅读指导要点 [1]

---

[1] 根据赵岩《〈桥梁史话〉阅读课》整理，河北教育出版社2020年第1版，第18页。

用 6 课时组织学习新闻传媒类内容，分析与研究当代社会的传媒形式，认识与理解不同传媒形式的社会功能，在此过程中帮助学生形成正确获取、分析、判断信息的方法。"如自主选择、分析研究一份报纸或一个网站一周的内容。分析其栏目设置、文体构成、内容的价值取向，撰写文字分析报告，多媒体展示交流。推荐最精彩的一个栏目、不同体裁的精彩文章若干篇，并说明理由。尝试选择传统媒体和新媒体写作。"[1] 上述教学建议涉及的关键行为动作可以概括为分析、展示、推荐、写作，四个行为动作构成体验式学习活动的链条，分析是亲历和反思的过程，展示是抽象和检验的过程，推荐和写作是交流和重构自身写作经验的过程。分析的基础是知识储备，具体到新闻传媒类，主要指对基本新闻体裁的功能、价值的认识。以此为基础，学生选择观察视角走进一份报纸或一个网站，资料的收集与分析更可能目的明确、方法合理。新闻传媒类的 6 课时具体分配如下。

第 1 课时　认识不同体裁新闻的异同，明确阅读思考的基本方法。

第 2 课时　确定希望分析的报纸或网站，制订分析研究计划。

第 3 课时　讨论分析报告的基本框架，独立撰写文字分析报告。

第 4 课时　交流展示文字分析报告，集体修改完善。

第 5 课时　"精彩看点"展示交流会。

第 6 课时　为自己选定的报纸或网站的"精彩看点"撰写稿件并投稿。

具体到每个课时的教学活动，也要努力呈现"学习语文的根本途径"，

---

[1]　中华人民共和国教育部《普通高中语文课程标准》（2017 年版 2020 年修订），人民教育出版社 2020 年第 2 版，第 20 页。

用体验式学习活动链的思路设计学习过程。下面以新闻媒体类教学的第 1 课时为例，说明如何在具体教学中完整体现从"亲历"到"重构"的过程。

学生在初中学习过消息、通讯和新闻评论，第 1 课时的教学起点是分析学生原有的知识储备和阅读经验，立足新闻传媒类文本特点和学生阅读与交流存在的实际问题确定合宜的教学目标。为了解学情，在高二年级选择了 15 位语文学业水平处于低、中、高三个层次的学生，请他们阅读一则新闻，原文如下。

欧洲"毒鸡蛋"事件持续发酵

新华网　2017-08-12

欧洲多国检出含有杀虫剂氟虫腈的"毒鸡蛋"事件近日进一步发酵，陆续有新的国家报告发现"毒鸡蛋"，荷兰当局已经逮捕了引发这一事件的农场杀虫服务供应商"鸡之友"公司的负责人，人们也在反思欧洲食品安全机制的漏洞。

首先，"毒鸡蛋"的范围不断扩大。在比利时、荷兰、英国、法国、德国等多国检出含有氟虫腈的鸡蛋后，丹麦兽医和食品局 10 日也通报，有 20 吨"毒鸡蛋"流入该国，并已被销往丹麦各地的餐厅及餐饮公司。该机构表示将密切关注事态进展，不排除随着调查进一步扩大和深入，会发现更多"毒鸡蛋"。该机构同时呼吁民众保持冷静，称这些鸡蛋并不会对公众健康造成威胁。

罗马尼亚兽医卫生和食品安全官员 10 日也宣布，检查人员在该国西部的蒂米什县发现了 1 吨含有杀虫剂氟虫腈的蛋黄液。经调查，这批"毒鸡蛋"是经德国从荷兰进口的。

一些此前已发现"毒鸡蛋"的国家则发现情况更严峻。英国食品标准局 10 日表示，可能有近 70 万个产自荷兰农场的"毒鸡蛋"已流入英国，远多于此前估计的 2.1 万个。该机构说，在英国，这部分鸡蛋主要用来与产自其他地方的鸡蛋混合生产各类食品，因此即便存在残留物也会被稀释。英国超市等零售机构已接到通知，正抓紧把受影响的产品下架，如用鸡蛋做原料的三明治、沙拉等。

第二，各国正在加强应对，包括处理相关责任人。荷兰检方10日证实，已经逮捕了农场杀虫服务供应商"鸡之友"公司的两名负责人。另外，比利时决定成立一个特别工作组，以应对当前愈演愈烈的"毒鸡蛋"危机。

比利时食品安全局首先在6月初发现从荷兰进口的鸡蛋中含有杀虫剂氟虫腈。荷兰在调查中发现，该国147家农场的鸡蛋含有氟虫腈，氟虫腈的污染源头直指荷兰农场杀虫服务供应商"鸡之友"公司。该公司为欧洲多国农场提供服务。

氟虫腈可杀灭跳蚤、螨和虱等，被世界卫生组织列为"对人类有中度毒性"的化学品。人若大剂量食用可致肝、肾和甲状腺功能损伤。欧盟法律规定，氟虫腈不得用于人类食品产业链的畜禽养殖过程。

第三，人们在反思欧洲食品安全机制。比利时食品安全局因涉嫌知情不报成为批评对象。比利时、荷兰、德国分别在7月20日、26日、31日将"毒鸡蛋"事件报告给欧盟食品和饲料快速预警系统。虽然比利时最早报告此事，但比利时食品安全局8月5日证实，他们早在6月初就已知晓相关情况，只不过因检方调查未予公开。

不过，比利时农业大臣德尼·迪卡姆9日在比利时议会听证会上将拖延的责任推给了荷兰，称荷兰早在去年11月就发现鸡蛋中氟虫腈超标一事，而且比利时早在6月26日就要求荷兰提供其境内可能存在问题的氟虫腈供货企业情况，结果荷兰7月13日才给予反馈，延误了时机。

欧盟委员会发言人安娜-凯萨·伊特科宁说，如有成员国未能及时将信息报告给快速预警系统，则违反相关法规，欧盟将启动相关法律程序。她同时强调，比利时目前并不属于这种情况。但分析人士认为，本次"毒鸡蛋"事件表明，欧盟的统筹协调机制存在漏洞。

（有删改）

15 位学生均能判断这是一则消息，并且比较准确地说出了消息的概念：消息是对新近发生的有社会意义并引起公众兴趣的事实的简短报道，具有真实性、时效性、篇幅短小等特点。6 位学生能够说出消息、通讯和评论三种基本新闻体式，能够描述定义，但不能准确概括三者的异同，试图但未能用三种新闻体式的定义性特征解释自己的判断。15 位学生中的 5 位能够明确阅读消息应该关注"基本事实"。就本则消息，可提出下面两个问题。

> （1）这则消息可信吗？你的判断标准是什么？
> （2）阅读后，你得出了什么结论？怎样得出来的？

15 位学生都认为这则消息可靠，判断标准是"公开的信息一定可靠"，没有学生关注信息来源。教师在选择新闻的时候特别关注了信息来源，新华网作为国家通讯社新华社主办的综合新闻信息服务门户网站，是中国最具影响力的网络媒体和具有全球影响力的中文网站，是新华社全媒体新闻信息产品的主要传播平台。对信息来源的忽视，从另一个侧面说明学生尚未关注实用类文体的特殊性。

针对问题（2），有 12 位学生阅读全文后立即表达自己的观点，如这是严重的社会问题，记者的批判有理有据、义正词严，这样的问题应该引起全球的重视，类似现象在我国也曾经出现过，也需要有人揭露，等等。被追问如何得出这样的观点时，学生们一脸茫然，其中 5 位学生坦率回应"这是阅读后的直观感受"。学生的表现说明他们虽然知道消息的特点，但并未按照消息的文体特征展开阅读活动。作者在每个信息前面都标明了信息来源，并未发表自己的观点，学生阅读的关注点应放在基本事实及其联系上，以此获得相对完整的信息。

学生的表现反映出验证式教学的问题，他们已经掌握了新闻的基础知识，能够判断不同的新闻类型，但不能根据实际情况确定合理的关注重点，从不同新闻体式中获得应该获得的信息。从学生得出结论的方式来看，直觉思维发挥着更大的作用，针对文学性、思辨性和实用性文本，大多数学生尚未形成合理的有所区别的思想方法，思维品质的提升空间比较大。

面对当代社会丰富多元的信息，选择可信度高的信息，通过全面的观察，经过完整的思考过程做出合理的判断，得出符合逻辑的结论，做出理性的表达，是未来社会合格公民应具有的基本素养与思维品质，也是设置"实用性阅读与交流"的根本意图。

根据第 1 课时的教学内容和学生的实际情况，教学目标设定为：

> 借助思维工具探索思维路径，在不同新闻体裁的对比阅读中整合信息、生成思考，建构从直觉判断走向全面观察与理性表达的思想方法，基于阅读体验，重构新闻阅读的相关知识。

指向上述目标，选择关注同一问题，反映同一事实的两篇不同类型的新闻稿，一篇消息、一篇评论，搭建对比的平台，让学生通过阅读不同体式的新闻作品重新认识其文体特征与价值功能，在此过程中使用思维工具，引领学生体验完整的思考过程。依据体验式学习活动链的基本原理，学习过程的主要环节设定为亲历—反思—抽象—重构。在内容主题上，选择高中生感兴趣的"大学改名"现象，努力营造阅读与交流活动的社会生活情境。两篇新闻稿为消息《各地陆续公示高校调整名单，至少 13 省份 38 校加入改名大军》和新闻评论《高校改名潮，别把自己给埋没了》，原文如下。

各地陆续公示高校调整名单，至少 13 省份 38 校加入改名大军

澎湃新闻　2017-11-01

全国各地近日披露申报升格、更名和转设的高校名单，舆论关注持续升温。

9 月 28 日以来，广东、山东、上海、安徽、河北、四川、广西以及云南等 8 个省份先后公示了申报升格、更名和转设的 26 所高校名单。

海南、江苏、江西、重庆、湖北 5 省份也不甘落后，相继发布了今年设置高等学校的有关公示，共涉及 12 所高校。

其中，据海南省教育厅官网 10 月 24 日公示，海南省高校设置评议委员会派出专家组对海南科技职业学院升格本科进行了实地考察后，将海南科技职业学院升格海南科技学院进行公示。

10 月 26 日，重庆市教育委员会官网发布公示信息，重庆机电职业技术学院、重庆房地产职业学院拟升格为民办高等本科学校。

此外，江苏省教育厅官网 10 月 27 日发布了《2017 江苏本科高校设置申报学校名单公示》。

上述公示显示，经专家评议会评议，同意镇江市人民政府向教育部申请新设镇江学院（名称暂定），同意江南影视艺术职业学院向教育部申请升格为江苏影视艺术学院（名称暂定）（民办本科），同意南京工业大学浦江学院向教育部申请转设为东方浦江学院（名称暂定）（民办本科）。

同日，江西省教育厅官网发布了《关于 2017 年江西省拟申报设置本科学校的公示》。

公示显示，南昌职业学院、江西先锋软件职业技术学院升格为普通本科高校，江西经济管理干部学院改制为普通本科。

10 月 30 日，湖北省教育厅官网公示拟申报设置的高校名单——湖北民族学院申报更名为"湖北民族大学"、新设"三峡航空学院"（民办本科）、江汉

大学文理学院转设为独立设置的"武汉文理学院"（暂定名）。

　　澎湃新闻记者梳理公开信息后注意到，截至发稿之前，已有广东、山东、上海、安徽、河北、四川、广西、云南、海南、江苏、江西、湖北等13个省市陆续加入高校"改名"大潮，共计38所高校。

　　对于高校改名热，教育部曾在今年初发布的《教育部关于"十三五"时期高等学校设置工作的意见》中做了明确规定。

　　上述意见指出，坚决纠正部分高等学校贪大求全，为了更名、升格盲目向综合性、多科性发展的倾向，严格依据标准审批"学院"更名"大学"，切实引导存量高等学校把精力和资源用于特色学科专业建设与内涵发展上来。

　　意见还明确提出，"十三五"时期，继续坚持中等职业学校原则上不升格为高等职业学校，也不与高等职业学校合并；高等职业学校原则上不升格为本科学校，不与本科学校合并，也不更名为高等专科学校的政策。

　　此外，今年9月24日公布的《关于深化教育体制机制改革的意见》也明确提出要"健全促进高等教育内涵发展的体制机制"。而不久前的十九大报告在谈到高等教育发展时，也强调要"实现高等教育内涵式发展"。

（有删改）

高校改名潮，别把自己给埋没了

钱江晚报　2017-11-02

　　经过几轮改名潮以后，大学名字如今变得面目全非，甚至引发"口水战"。比如，2015年，泸州医学院改名四川医科大学，引得四川大学向教育部发函抗议。

　　据媒体盘点，仅今年以来已有13个省份陆续加入高校"改名"大潮，共计38所高校。职业类院校成为主力军，海南科技职业学院升格为海南科技学院，重庆机电职业技术学院、重庆房地产职业学院拟升格为民办高等本科学校。位于江苏的江南影视艺术职业学院向教育部申请升格为江苏影视艺术学院。

改名的一个原因是确实学校在发展，原有的名字容不下现有的格局，但有些改名，纯粹是为了一个所谓的好名字，为了让学校看起来更有档次一些。先声夺人，不能在学术教学质量上比过别人，就另辟蹊径，从名字上压人一等。有些高校所更校名则极具迷惑性，图的只是在招生时能多圈些人过来。带地区名的，想挂个省名，挂省名的又想升级到华东、华南这样的地区名。学院升格为大学，师范类的天天琢磨着如何去掉"师范"，职业学校最恨的就是含着"职业"出生。

可是改完以后真的好吗？一个后遗症是特色没了。原来的名字你一眼看过去还知道它在哪个地方，擅长什么专业，改完以后突然发现大家像不约而同去了趟韩国一样，都长一个模样，理工、科技成了高频词，除了省名不同，一般人很难区分出谁跟谁。

那些带有强烈地方特色、专业特色、学科特色的大学消失不见，那些几代人形成的术业有专攻的美好印象也没了，大家都成了字面意义上的综合性大学。名字高大上了，特色反而没了，迎来崭新的未来，可历史却被淡忘了，泯然众人，成为路人甲、背景、群演，这到底是好事还是坏事呢？而原本它们是可以在小而专的方向走得更远一些的，完全没有必要随大流，最后整得自己都不认识自己。

一所好大学是不会真正在乎名字，也不会真正在乎在哪的。兰州大学身处大西北，但不妨碍它成为一流大学。石河子大学看起来像某个乡村学堂，但它是"211工程"重点大学，也挤入了"双一流"的一流学科建设名单。巴黎高等师范学校名字土得掉渣，每年只招收200名学生，但人家在法国的学术排名可列第三。

一所好大学，它的名字就是IP，就是标准，怎么取都让人高山仰止。比如刚刚举办80周年纪念大会的西南联大，这个名字既不高大也不洋气，存在时间远比现今的很多大学要短得多，但却是教育史上的一座丰碑。只有那些在学术上不自信的大学，才一天到晚想着在名字上整点花样。

教育改革的方向不是为了搞大而全，大而全要有，小而美也要有，形成层次形成特色。教育部今年2月份曾经发布《教育部关于"十三五"时期高等学校设置工作的意见》。文件明确规定，坚决纠正部分高等学校贪大求全，为了更名、升格盲目向综合性、多科性发展的倾向，引导存量高等学校把精力和资源用于特色学科专业建设与内涵发展上来。"十三五"时期，继续坚持中等职业学校原则上不升格为高等职业学校，也不与高等职业学校合并；高等职业学校原则上不升格为本科学校，不与本科学校合并，也不更名为高等专科学校的基本政策，努力建成一批高水平的职业学校和骨干专业。

职业技术类高校在整个教育改革中占据着非常重要的地位，抹去职业技术类高校的办学特色，既不专业，也不自信。

学生自主阅读文本后，第1课时的教学过程如下。

（一）亲历：借助多种思维工具，建构思考路径

基于观察与访谈，将学生思维品质的"生长点"确定为：经由完整的思考过程，实现全面思考，从直觉思维走向辩证分析，重点关注学生思考问题的"过程完整"和"角度全面"。针对这两个方面，选择 ORID 和 OPVL 两种思维工具，希望学生在思维工具的帮助下修正原有的思维习惯，走上科学合理的思维路径。

1. 引入 ORID，体验思考的"全过程"

ORID 是"焦点讨论法"的缩写，焦点讨论法强调思维过程的完整性，即按照思维运行的过程完成思考，得出合理的有价值的观点。ORID 能够帮助学生跳出直觉思维的惯性，用新的思维路径构建新的思维方式，强调思维过程中的关键节点以实现思维过程的完整性。ORID 的思考内容与过程如表 2-1 所示。

表 2-1　ORID 的基本内容 [①]

O	客观性层面	获取的事实、感官印象、重要的信息
R	反应性层面	个人的反应、产生的情感、联想到的意象
I	诠释性层面	意义、价值、重要性、目标、含义
D	决定性层面	决议、行动、未来计划、下一步的思考

ORID 既是思考的内容也是思考的程序，整套工具将思考过程拆分为四个问题，每个问题都有清晰的指向，顺次回应四个问题即可形成相对完整的思考过程，避免因思考阶段的跳跃而产生主观判断，有助于理智地形成辩证的观点。引导学生使用 ORID 的初始阶段，教师可以根据阅读或讨论内容提供具体的问题，帮助学生反复应用，熟练掌握思维工具。

组织学生讨论《各地陆续公示高校调整名单，至少 13 省份 38 校加入改名大军》，借助 ORID 设计四个问题引领学生顺次推进思考过程。

（1）在这篇消息里，你觉得作者最希望读者关注的一个或者一组词是什么？

（2）看到这样的信息，你想到了什么？

（3）从这则消息呈现的事实来看，你觉得这些大学为什么要改名？

（4）如果把这则消息发到朋友圈，你会怎样描述"这一刻的想法"？

ORID 是依托众多专家型学习者的思考过程提炼出的模型，体现着专家

[①]　根据 [加] 乔·尼尔森著，屠彬译《关键在问——焦点讨论法在学校中的运用》整理，教育科学出版社 2016 年第 1 版，第 19~23 页。

型学习者的思维特点与思维方式，学生"亲历"的重点是专家型学习者解决问题的过程与方式。高中生具备一定的抽象学习的能力，既可以先讲解分析思维工具再组织学生体验应用，也可以先组织学生体验应用，共同抽取思维过程，生成思维工具。换言之，ORID 既可以是"亲历"的工具，也可以是"亲历"的对象。在上述四个问题中，问题（1）和（4）需要受到特别关注。问题（1）旨在帮助学生全面、准确地提取相关事实信息，为后续的思维过程奠定基础，在实际教学中，学生关注到的信息包括以下六个要点。

> （1）高校，这是新闻事实的关注对象。
>
> （2）大军、数字 13 和 38，形容参与改名的高校数量多。
>
> （3）内涵发展，呈现更名的主要意图。
>
> （4）陆续、更名和罗列的时间 9 月 28 日、10 月 24 日、10 月 26 日、10 月 27 日、10 月 30 日，突出改名的集中。
>
> （5）规定、纠正、引导、健全，说明国家力争用科学发展的方式推动高校建设。
>
> （6）升格、更名、转设、改制，改名的不同方式都体现出变大变强的改名意图。

完整梳理出基本事实，学生的情绪反应比较平和、理性，同时看到了高校更名的优势和问题，对问题（2）和问题（3）的回应更为理智，尤其是问题（3），大多数学生认识到更名对高校发展的促进作用，认识到国家对更名的规定、管理，认识到更名大潮折射出高校为谋求自身长远发展而付出的努力。

问题（4）意在借助社会生活情境引领学生呈现讨论结果，要尽量给学生充分的时间，让他们把自己的所思所想，通过微信这种自媒体交际方式想清楚、说明白。学生表现如下。

（1）一所大学的好坏，并不取决于名字，而是它在民众心里的地位。

（2）选择大学的时候一定要把眼睛擦亮。

（3）改名的大学，请注意你们的内涵发展。

（4）希望改名后的大学越办越好，期待走进优质的高校。

（5）能否更名、怎样更名，政府主管部门要严格审查、认真履职。

借助 ORID，学生从直觉型的快速反应转向基于完整、全面思考的理智回应，迈出了辩证思考的第一步。

2. 引入 OPVL，体验分析的"全视角"

"消息"的英文是"message"，"消息"通常要篇幅短小、概括精准。新闻评论则需要在事实的基础做一些讨论，针对新闻事实陈述自己的观点。阅读新闻评论与消息，需要不同的思维方式，选用不同的思维工具。

OPVL 是引领学生辩证思考的有效工具，OPVL 分别是 Observer、Purpose、Value、Limit 四个单词的首字母，O 是观察者，P 是目的，V 是价值，L 是局限。看到一则新闻，可以按照 OPVL 的顺序追问：这是谁写的？他为什么要写这篇新闻稿？这篇稿子的社会价值在哪里？有哪些局限？不同的报道者有不同的报道目的和立场，会从不同角度选择事实信息撰写新闻作品，每种角度和立场都有各自的价值和局限，在某种意义上说，不存在真正的"零度报道"。能够认识到这一点，借助 OPVL 提供的角度追问新闻事实，补全思考角度，有助于减少思考的随意性，降低结论的主观色彩，对新闻的可信度形成更加合理的判断，对新闻的价值形成个性化的思考。

使用 OPVL 阅读新闻评论《高校改名潮，别把自己给埋没了》，请学生直接绘制思维导图，完整呈现思考的各个维度。在学生作品中选择一份有代表性的思维导图展示交流，如图 2-2 所示，请其他学生补充不同的观点与思考。

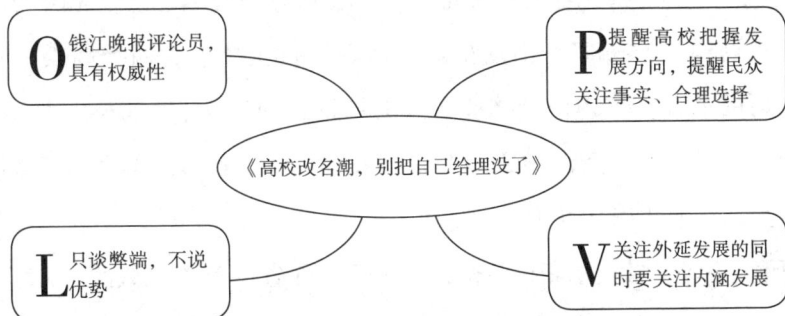

图 2-2　OPVL 思维导图 ①

以这份思维导图为基础，学生互相启发、补充，在充分交流的基础上，形成更为丰富、深刻的观点，学生基本上能够从正反两个方面，从不同报道者的立场出发展开思考，例如下面的观点。

（1）作者评论的重心指向"潮"，主要分析一段时间内大量更名现象的存在，新闻评论的重点明确，立意不在于全面分析问题。

（2）作者更关注"名"，把所有高校的更名作为一个整体分析，并没有根据具体情况逐一讨论，有可能"以全掩偏"。

（3）关注外延发展的同时关注内涵发展，作者的观点符合主流价值观。

思维工具的引入，为学生完整、全面地思考提供了真实的帮助，学生运用思维工具思考交流，在此过程中掌握了思维工具提供的基本路径，亲历了从起点到结论的思维过程，为思维品质的提升奠定了基础。

---

① 吴欣歆《实用性阅读与交流：全面的观察与理性的表达》，《语文学习》，2018年第 3 期。

（二）反思：分享阶段思考结果，生成新的认识

学生经历了完整、全面的思考过程，还要有理有据地表达思考的结果。反思，也要通过言语实践活动推进。活动设计主要包含两个因素：其一，梳理亲历的过程，整理前期体验形成的结论跟同学交流；其二，整合不同的观点，生成新的观点，对照他人的成果追问自己的知识积累、策略运用、言语经验，正确认识自身优势和劣势。

阅读《各地陆续公示高校调整名单，至少 13 省份 38 校加入改名大军》，学生已经在 ORID 的引导下生成了观点（如前），但这些观点大多处于单一角度，尚未融合多个角度形成逻辑关系清晰的、多角度联结的观点。为组织学生进一步反思，需要设计能够帮助学生借助实现整合、提升的交流活动，示例如下。

> 请你在同学们发表的观点中选择 1—2 个观点，和你的观点整合起来，写一段话表达你交流后的思考。

这项言语实践活动，在促进学生反思的同时实现了教学资源的转化，亲历阶段的学习成果自然转化为反思阶段的学习资源，促进学生在思维品质和言语经验两个方面实现新的发展提升。学生作品选录如下。

> （1）加入改名大军并不可怕，可怕的是改名后"名不副实"，并没有探索内涵发展的道路，并不能为即将走进高校的我们提供优质的高等教育，一所大学的好坏不在于校名，而在于学术水平和办学质量，校名挂在大门上，口碑却在人民心里。

（2）面对改名大潮，政府需要认真审核相关材料，让真正符合条件的学校获得更名的资格，走向更好的发展；大学需要担起社会责任，真正变强变大变优质；我们需要擦亮眼睛，在选择学校的时候，不被校名迷惑。

对比亲历和反思两个阶段的学习成果，能够看到学生从单一观点呈现走向多个观点整合，从单个句子的简单表述走向逻辑结构丰富清晰的复杂表达，在言语实践活动的引领下学生实现了进阶发展。

（三）抽象：提取相关信息，依托概念界定生成理性认识

新闻传媒类作品的阅读，需要关注不同体裁新闻作品的体式特征，还需要关注与当代社会生活密切相关的名词术语，以拓展学生的视野，从多个角度增进学生对社会生活的了解。关注，并不是记诵概念，而是在言语实践活动中掌握名词术语的概念内涵，逐渐形成追求高阶思维的自觉意识。

消息《各地陆续公示高校调整名单，至少13省份38校加入改名大军》和新闻评论《高校改名潮，别把自己给埋没了》两篇作品都出现了"内涵式发展"的概念，提取两篇文章的相关信息，能够生成"内涵式发展"的定义，可以设计下面的言语实践活动。

用关键词堆砌法给"内涵式发展"下定义。

学生需要在两则新闻里圈画出描述内涵发展特征的关键词，即确定概念的定义性特征，用下定义的表达方式将关键词连缀起来。然后搜索相关词条，对比自己的定义和专家学者定义的区别，丰富词汇和表达方式的同时积累言语经验。

学生在文中提取主要信息，用教师提供的方法建构的概念类似"生活概念"，相关词条提供的是"科学概念"，在对比过程中学生从感性体验中抽取理性认识，总结生成概念的学习经验，完成抽象的过程，实现思维水平和言语品质的提高。

（四）重构：重新认识新闻体式，建构新的知识框架

完成上述学习活动，学生对新闻样式有了新的认识，对比消息《各地陆续公示高校调整名单，至少13省份38校加入改名大军》和新闻评论《高校改名潮，别把自己给埋没了》在内容选择和表达方式上的不同，能够弄清楚消息"零度写作"的态度和评论"一针见血"的风格。重构阶段要求学生联系以往的阅读经验，梳理三种新闻样式的异同，言语实践活动设计示例如下。

> 列表比较"消息""评论"和"通讯"三种新闻样式的异同。

这项活动既涉及语文知识（包括事实性知识和程序性知识）的重构，也涉及学习方法的重构，学生重新结构原有的新闻知识，选择合理的形式呈现。以梳理不同新闻样式的特征为基础，学生重新认识不同新闻样式的社会价值和功能，未来关注同一新闻事件的相关报道，能够自觉阅读消息以了解事实，检索通讯以丰富细节，依托基本新闻事实生成自己的观点，拓展阅读相关新闻评论，检验、提高、完善原有的认识，继续追问事实，判断观点正确与否……通过正确的路径、合理的方法，理智清醒地接受外部信息，对新闻事件做出合理的判断。

亲历关注学习过程的体验，反思关注高阶思维的发展，抽象关注理性认识的形成，重构关注知识体系的更新，上述过程相对完整地呈现了学生的认知发展过程，符合学生认知发展的规律。支撑亲历、反思、抽象和重构的是言语实践活动，如此，借助体验式学习活动链串联不同能力层级的言语实践活动，凸显"学习语文的根本途径"。

三、体验式学习活动链应用范围的拓展

体验式学习活动链既可以作为学习任务群整体设计的基本路径，也可以作为某课时学习过程的设计思路，需要说明的是，体验式学习活动链中的各个要素是达成目标的学习机制，隐含在完成任务的认知过程中，不需要和体验活动形成一一对应的关系，其设计的核心要素为：定位学习目标—组织情境素材—设计活动过程—明确成果标准—选择交流角度。

学习目标是设计的起点，体验的目的是在经历中获得知识、丰富经验、培育情感。获取哪些知识？丰富哪类经验？培育哪些情感？哪些表现标志学生已经"获得"？学习目标中的行为动词要可观察、可测量，目标定位的精准有助于活动过程设计的合理。

情境素材是设计的基础，情境是与体验过程相联系的具体环境和背景，包括两个部分：一是唤醒学生知识储备的"背景情境"，一是激发学生实践热情的"任务情境"。两部分相辅相成，为学生提供限定性条件和支持性条件，共同帮助学生进入学习氛围，完成体验历程。情境素材不一定是真实的生活，但要符合真实生活的逻辑，在真实生活中可能发生。情境素材建构活动情境，复杂的、开放性的语文实践活动情境不仅是学生语文素养形成和发展的有效途径，也是展示学生核心素养的平台，可以分为个人体验情境、社会生活情境和学科认知情境三种。

"个人体验情境"指向个体的内心世界，强调个体通过实践认识周围事物、丰富情感经历的真实场景，包括知识的获取和学习，情感的碰撞与共鸣，对语言文字的个性化体验与感受，如文学类文本的阅读、个性化的创作等。"社会生活情境"指向个体以"社会人"的身份与世界、与他人的交流，强调个体在具体的生活场域中需要面对的不同对话空间、交往对象和交流任务，强调言语实践活动过程中的角色感，关注言语实践活动的目的

和对象，如论述类文本的阅读，为达成实用性目的的表达与交流等。"学科认知情境"指向个体借助学科思维多角度寻求答案，解决与学科内容相关的问题，并在此过程中发展学科认知能力。如在一组非连续性文本中发现并形成有意义的结论，给出符合科学规律的建议等。在语文学习中，学科认知强调学生对语文学习基本方法和一般规律的认识，关注学生总结梳理自身语文学习经验的习惯和能力。

活动过程是设计的核心，由环环相扣的一组活动构成，各个活动彼此关联，在一串完整的体验式活动链中涉及体验的全部要素。

成果标准是设计的导向，学生完成体验活动，需要有外显的学习成果表现其"获得"，清晰的成果标准更容易内化为学生的实践目标，有助于提升学习的品质。

交流角度是设计的终点，在某种意义上说交流的角度是在体验过程中逐渐聚焦、生成的，需要教师在充分调研学情的基础上预设。链条中的哪个环节需要交流，需要从哪个角度交流才能找到学生的生长点并帮助其实现生长，最为考量教师的功力。

内隐在"体验式学习活动链"中的是相关学科、相关学习内容的知识框架，这是体验式活动链的支撑条件。内隐在"实用性阅读与交流"所有活动中的是新闻本身的知识体系，完成了体验活动，学生基本能够重构新闻的知识框架，把握不同体裁新闻作品的阅读要点，体验活动的过程自然成为学生梳理探究与学科相关的问题的过程。

体验最终指向建构，验证式学习从结论出发，体验式学习从实践出发，分属演绎和归纳的逻辑，两者没有好坏之分，需要根据学习内容选择学习方式。一般来说，简单的事实性知识更适合采用验证式学习的方式，内涵丰富的概念性知识，更适合采用体验式学习的方式。必须说明的是"体验式学习活动链"并不是落实高中语文学习任务群的唯一思路，在未来的教育实践中，还要探索更多的实现途径，用不同的方式实现高中语文学习任务群的教学理念，深入推进高中语文课程的教学变革。

第二节　落实"目标发展的综合效应"

《普通高中语文课程标准》（2017 年版 2020 年修订）在设计依据部分明确规定了学习任务群的目标指向，"这些学习任务群追求语言、知识、技能和思想情感、文化修养等多方面、多层次目标发展的综合效应，而不是学科知识逐'点'解析，学科技能逐项训练的简单线性排列和连接"[①]，具体到"这个"任务群，要求相同。上述目标指向直接回应"语文学科核心素养的四个方面是一个整体"[②]，其中语言建构与运用是语文学科核心素养的基础：语言是重要的交际工具，也是重要的思维工具，语言与思维的发展相辅相成；语言文字是文化的载体，又是文化的重要组成部分，学习语言文字的过程也是获得文化的过程；语言文字作品是人类重要的审美对象，语文学习是学生提升审美能力、提高审美品质的重要途径。综上，落实"目标发展的综合效应"，基础是语言建构与运用，载体是积极主动的言语实践活动，解决问题的关键在于如何针对具体的学习任务群实现学习目标的整合。

一、学习目标确定的理论依据

讨论教学目标通常采用布鲁姆教学目标分类学作为理论基础，布鲁姆认为有效的教学始于准确地知道要达到的目标是什么，目标要用学生外显的行为来描述，必须清楚、具体、可操作。布鲁姆将知识分为事实性知识、概念性知识、程序性知识和元认知知识四类，将认知过程分为记忆、理解、运用、分析、评价、创造六个维度，由四类知识和六个认知过程维度构成

[①] 中华人民共和国教育部《普通高中语文课程标准》（2017 年版 2020 年修订），人民教育出版社 2020 年第 2 版，第 8~9 页。

[②] 中华人民共和国教育部《普通高中语文课程标准》（2017 年版 2020 年修订），人民教育出版社 2020 年第 2 版，第 5 页。

了分析、确定教学目标的两个维度。如表 2-2 所示。

表 2-2　布鲁姆教学目标分类 ①

知识维度	认知过程维度					
	1. 记忆	2. 理解	3. 运用	4. 分析	5. 评价	6. 创造
A. 事实性知识						
B. 概念性知识						
C. 程序性知识						
D. 元认知知识						

　　事实性知识和概念性知识都是有关"是什么"的知识，前者指某领域特定的、独立的知识内容，如专有名词——比喻、小说、律诗等；后者相对于前者更复杂，更有组织性，如理论、模型、结构等方面的知识——小说三要素、典型人物、红色经典等。程序性知识指如何做的知识，如关于技能方法的知识——如何描写、多角度分析人物、梳理情节脉络等。元认知知识属于个体认知方面的知识，如关于策略的、任务情境和自我认知的知识——阅读策略、基于情境的方法选择、解决问题的思维方式等。表 2-2 采用双向表格的形式呈现目标分类学的基本概念框架，可以作为确认知识类型及其认知过程的便利工具。

　　记忆、理解、运用、分析、评价、创造六个维度的具体类目划分如表 2-3 所示，应用时可以根据概念界定和列举示例判断认知过程的具体内容，表 2-3 可视为教师确定教学目标行为动词的重要依据。

表 2-3　布鲁姆目标分类认知过程维度的六个类目 ②

认知过程	替代名称	定义	示例
1. 记忆——从长时记忆中提取有关信息。			

———————————

　　① ［美］安德森等编著，蒋小平等译《布鲁姆教育目标分类学：分类学视野下的学与教及其测评（完整版）》，外语教学与研究出版社 2009 年第 1 版，第 21 页。

　　② 根据［美］安德森等编著，蒋小平等译《布鲁姆教育目标分类学：分类学视野下的学与教及其测评（完整版）》整理，外语教学与研究出版社 2009 年第 1 版，第 51~52 页。

认知过程	替代名称	定义	示例
1.1 再认	识别	从长时记忆系统中找到与呈现材料一致的知识	再认历史上重要事件的日期
1.2 回忆	提取	从长时记忆系统中提取相关知识	回忆历史上重大事件的日期
2. 理解——从口头、书面和图画传播的教学信息中建构意义。			
2.1 解释	澄清、释义、描述、转换	从一种呈现形式（如数字的）转换为另一种形式（如言语的）	解释重要演讲或文件的含义
2.2 举例	示例、具体化	找出一个概念或一条原理的具体例子	给出各种美术绘画类型的例子
2.3 分类	类目化、归属	确定某事物、术语属于哪一类目	将考察到的或描述过的心理混乱的案例分类
2.4 概要	抽象、概括	抽象出一般主题或要点	为录像带上描写的事件写一则简短的摘要
2.5 推论	结论、外推、内推、预测	从提供的信息得出逻辑结论	学习外语时，从例子中推论出语法原理
2.6 比较	对照、匹配、映射	确定两个观点、两个客体之间的一致性	比较历史事件与当前的情形
2.7 说明	构建、建模	建构一个系统的因果模型	说明法国 18 世纪重要事件的原因
3. 运用——在给定的情境中执行或使用某种程序。			
3.1 执行	贯彻	把一个程序运用于熟悉的任务	多位整数除以多位整数
3.2 实施	使用	把一个程序运用于不熟悉的任务	将牛顿第二定律运用于它适合的情境
4. 分析——把材料分解为它的组成部分并确定各部分之间如何相互联系以形成总体结构或达到目的。			
4.1 区分	辨别、区别、选择	从呈现材料的无关部分区别出有关部分或从不重要部分区别出重要部分	从数学应用题中区分有关和无关数字

认知过程	替代名称	定义	示例
4.2 组织	发现一致性、整合、列提纲、结构化	确定某些要素如何在某一结构中的适合性或功能	组织事实证据使之支持某种观点或特殊解释
4.3 归属	解构	确定呈现材料背后的观点、偏好、假定或意图	根据文章作者的政治观点确定他的观点
5. 评价——依据标准或规格做出判断。			
5.1 核查	协调、探测、检测、监测	查明某过程或产品的不一致性或谬误;确定过程或产品是否有内在一致性;查明某种程序在运行时的有效性	确定科学家的结论是否来自观察的数据
5.2 评判	判断	查明产品和外部标准的不一致性,确定某产品是否有外部一致性;查明一个程序对一个问题的适合性	判断两种方法中的哪一种对于解决某一问题是最适当的方法
6. 创造——将要素加以组合以形成一致的或功能性的整体;将要素重新组织成为新的模式或结构。			
6.1 生成	假设	根据标准提出多种可供选择的假设	提出假设来说明观察到的现象
6.2 计划	设计	设计完成某一任务的一套步骤	计划写一篇历史题目的文章
6.3 产生	建构	发明一种产品	为某一特殊目的建筑住处

　　教学目标是学生完成一个阶段的学习后能够达到的程度和水平,包括主体、行为动作、达成条件和程度水平四个要素。教学目标的主体一般指学生,达成条件主要指采用的学习方式或者所处环境的特征,行为动作和程度水平密不可分,通常直接选择行为动词表示或者在行为动词前补充程度要求。行为动词需要根据布鲁姆教学目标分类学,综合知识类型和认知过程两个维度确定和表述,如理解概念性知识、运用程序性知识、记忆事

实性知识等。

布鲁姆在教学目标分类上的核心观点可以概括为两个方面：追求教学活动与教学目标的一致性，提倡采用复杂的认知过程达成简单的教学目标。

布鲁姆认为对于记忆事实性知识这类目标，常用的教学方法是让学生重复或复述事实性知识，重复或复述的具体形式有多种，可以集中进行机械复述，也可以进行间隔复述，还可以在多次使用事实性知识的过程中来完成复述。有时可以通过测验学生的方式达成记忆事实性知识的目标，即学生完成事实性知识的学习后，用提问、尝试回忆等测验手段取代重学，这种方法目前得到了有关测验效应研究的有力支持。

对于理解概念性知识这类目标，最佳的教学方法是引导学生关注概念或类别的定义性特征，同时还要援引概念的正例和反例，用正例来说明什么是概念性知识，用反例来说明什么不是概念性知识。也可以先给学生呈现某一概念原理的多个例子（或由学生自己提出这些例子），再由学生归纳出例子背后蕴含或体现的共同的概念原理。

对于运用程序性知识这类目标，有效的方法是利用流程图将程序清楚地表示出来，让学生参照流程图执行相应的步骤。

对于与元认知知识有关的目标，其教学方法通常要借助学习策略，即教师首先要教给学生一些如何管理、控制自己学习的策略，接下来要重点帮助学生思考这些策略与学习的关系，即引导学生反思运用策略后的学习效果，这种反思是重要的元认知活动。学生只有经过反思，才能习得有关自我学习与认知的规律与特点的知识（即元认知知识）。由此可见，有关元认知知识的教学，通常要持续较长的时间，难以在一两节课内完成，可能要持续一个学期甚至更长的时间，需要教师根据学生的真实状况统筹安排。

教师要根据教学内容和学生水平从两个维度确定教学目标，根据具体的教学目标设计教学活动，选择教学方法。布鲁姆认为教学涉及分析、评价、创造等较复杂的认知过程时，学生更有可能在知识的各个部分之间建立联系，有利于达成更好的学习效果并促进学习能力的发展。这一观点得到了认知心理学研究的支持，认知心理学发现并提出了"加工水平说"，认为学习效果取决于学习者对知识的认知加工，学生对学习材料的加工程度越深，其学习和记忆的效果越好。布鲁姆教学目标分类学中的六种认知过程是按复杂程度排列的，其中分析、评价、创造三种认知过程属于高阶思维，要求学生进行更为复杂的认知加工。基于这一原理，教师设计高水平认知过程的学习活动帮助学生达成低水平认知程度的目标要求，对学生的学习更有帮助。比如，"概括小说圆形结构的特点"，处于理解概念性知识的目标层级，教师可以采用两种设计学习活动的思路：其一，直接给出阐释圆形结构的学术概念或文章，请学生提取信息，列举特点；其二，提供若干篇圆形结构的小说，请学生描述其共同特点，逐层抽象出圆形结构的特点。在认知过程上，思路一处于"理解"水平，思路二处于"创造"水平，按照布鲁姆的观点，思路二达成的学习效果可能更为理想。

深度学习的特点与这一观点高度契合。"深度学习是学生主动的、有意义的、自主参与学习的过程。其特征表现在：学生能根据当前的学习活动调动、激发以往的知识经验，对学习内容加以组织，建构出自己的知识结构；在学习的过程中展开了积极的合作与沟通；能够抓住教学内容的关键特征，全面把握学科知识的本质联系；能将学到的知识迁移与应用。"[1]

布鲁姆的目标分类学理论涉及两个维度，关注深度学习，主张采用高于目标要求的认知过程来设计学习活动以促进学生高阶思维能力的发展。学习任务群追求多方面、多层次目标发展的综合效应，契合目标分类学的理论观点。在确定教学目标的过程中，可以采用先分解再整合的方式，初步确定某一任务群的教学目标，然后对照与之相应的选择性必修、选修阶段的其他学习任务群，根据不同学段的学习内容重新排布目标，最终确定这一任务群的教学目标。即依据《普通高中语文课程标准》（2017年版2020年修订）对

---

[1] 郭华《基于深度学习的教学改进》，《教育科学论坛》（专题版），2015年第4期。

学习任务群"学习目标与内容"的规定，通过具体分析的方法精准定位各个方面、各个层次的目标要求，统整具体要求，设计言语实践活动作为实现学习目标的载体。"多方面"指的是语文学习的各个方面，知识类型的各个方面，意在落实语文学科核心素养的综合性，实现核心素养的整体提升，"多层次"指认知过程的各个层级，意在发展高阶思维能力，提升学生言语经验的同时提升言语品质和思维品质。如此，学生在较长一段时间的学习过程中，不是整齐划一地按照线性推进的方法逐一实现各个目标，而是在完成不同类型言语实践活动的过程中，依托原有知识储备和学习经验，呈现个性化的目标实现路径，即从"一课一得"，走向"多课多得"。

二、"跨媒介阅读与交流"统整性学习目标的达成

"跨媒介阅读与交流"是《普通高中语文课程标准》（2017 年版 2020 年修订）贯串必修、选择性必修和选修的三个学习任务群之一。"本任务群旨在引导学生学习跨媒介的信息获取、呈现与表达，观察、思考不同媒介语言文字运用的现象，梳理、探究其特点和规律，提高跨媒介分享与交流的能力，提高理解、辨析、评判媒介传播内容的水平，以正确的价值观审视信息的思想内涵，培养求真求实的态度。"①"学习目标与内容"包括以下四个方面。

（1）了解常见媒介与语言辅助工具的特点。掌握利用不同媒介获取信息、处理信息、应用信息的能力。学习运用多种媒介展开有效的表达和交流。

（2）知道信息来源的多样性、真实性，辨识媒体立场，多角度分析问题，形成独立判断。

（3）关注当代网络文学和网络文化，坚持正确的价值导向，辩证分析网络对语言、文学的影响，提高语言、文学的鉴赏能力。

---

① 中华人民共和国教育部《普通高中语文课程标准》（2017 年版 2020 年修订），人民教育出版社 2020 年第 2 版，第 14 页。

（4）建设跨媒介学习共同体，丰富语文学习的手段。[1]

上述四个方面可以概括为了解不同特点、形成独立判断、端正价值导向，建立学习共同体，在认知行为上侧重提取、梳理、探究、评判、辨析。《普通高中语文课程标准》（2017年版2020年修订）提出的"跨媒介"，与国际普遍关注的"媒介素养"的内涵基本相同，1992年，美国媒介素养领袖会提出"媒介素养是一个人利用各种方式去接近、使用、分析、评估和创造媒介信息的能力"，即解读和判断各种媒介信息，利用媒介信息实现更好的个人生活与社会发展。

"跨媒介阅读与交流"在必修阶段安排0.5学分，9课时；选择性必修和选修阶段不安排学分，渗透在其他学习任务群的学习过程之中。整个任务群的教学可以采用课内课外相结合的方式，其中了解不同特点、形成独立判断适合集中在课内完成，端正价值导向、建立学习共同体可以作为延续性的学习任务，主要以组织实施课外学习活动的方式推进。课内的9课时分配方案示例如下。

第1课时　师生讨论交流当前社会普遍关注的话题，筛选确定阅读与交流的主题。

第2课时　就共同确定的主题选择不同媒介形式的学习资源，集体展示并商定。

第3课时　学生自主设计完整的学习进程计划，师生共同修改、完善，确定学习进程。

---

[1]　中华人民共和国教育部《普通高中语文课程标准》（2017年版2020年修订），人民教育出版社2020年第2版，第14~15页。

第 4 课时　分组完成学习计划。

第 5 课时　分组讨论、完善阶段性学习成果。

第 6 课时　教师组织学生讨论交流阶段学习成果，生成新的学习目标。

第 7 课时　针对新的学习目标组织课堂教学。

第 8 课时　总结学习经验，筛选确定下一个阅读与交流的主题。

第 9 课时　学生自主选择不同媒介形式的学习资源，提交个性化"跨媒介阅读与交流"学习计划，教师审核、提出修改建议。

上述分配方式的基本思路是师生共同学习，明确跨媒介学习的主题确定、资源选择、阅读过程、阅读成果等关键问题；学生总结共同学习的经验，自主完成学习计划并自觉实施。这样的设计思路可以把"跨媒介阅读与交流"从一个时间段的"点式关注"转化为长久的"线性推进"，符合统整性学习目标的特点，符合《普通高中语文课程标准》（2017 年版 2020 年修订）的设计意图。

经过师生协商，学习主题确定为"2010 年智利矿难带来了什么"，决定使用纪实文学《深暗》、电影《地心营救》和全球各大网站连续 67 天的新闻报道作为学习资源。对应"跨媒介阅读与交流"的学习内容与目标，这组学习资源需要实现的学习目标为：

了解纪实文学、电影、新闻三种媒介形式的特点，能够利用这三种媒介形式进行交流；能够辨析不同媒体的立场，多角度分析，形成独立判断；能够辩证分析不同媒介形式对社会生活产生的影响。

上述目标是典型的分点解析、线性推进的目标形态，达成学习目标的知识基础是不同媒介体式的特征，能力基础是收集、辨识信息。如何整合上述三个角度，生成统整性的教学目标？需要回归学生在生活中运用语文知识的真实过程，梳理不同媒介形式出现的顺序，以及带给社会的影响。

三类媒介形式构成了人们在社会生活中采集和处理信息的链条：采集相关信息，辨析信息与媒介类型的关系，进而交流、分辨、整合，借助这个过程形成独立的判断，做出理性的思考。

新闻事件刚刚发生，大量信息"井喷式"出现，尘埃乍起的阶段不能盲听盲信，也不能偏听偏信，不能在没有梳理出基本事实的状态下急于发表观点，成为不负责任的网络"喷子"。随着跟踪报道的深入，新闻会从更多视角呈现事实，也会有越来越多不同社会角色的人发表评论，这是甚嚣尘上的阶段，需要整合不同视角"拼接"出更接近真相的信息。在各种消息到处流传，各种议论纷纷扬扬的阶段，很容易出现一些嚣张的传闻甚至谬论，而且常因其嚣张而吸引大量的追随者，有可能导致事实真相被遮蔽。这时候，要完成信息综合与观点分析的工作，相对理性地认识与思考。时间总在向前，新的事件可能会覆盖旧的事件，到了尘埃落定的阶段，基本事实认定清晰，或者不清晰也不再有人追问；各种观点都已得到比较充分的展示，或者虽然不充分也不再有人发表观点。经过对新闻报道的长时间追踪、辨析与思考，才可能借助自身的实践体验认识信息来源的多样性、真实性，能够形成辨识媒体立场的方法，多角度分析问题，形成独立判断。

再过一段时间，那些值得关注的重大事件，通常会演变成其他的媒介形式，继续传播、继续引发人们的关注与思考。纪实文学在大量搜集第一手资料的基础上，展示事件的背景，以及发生、发展、高潮、结局等情境中不同角色的不同面貌，继而描述事件结束后主人公的工作与生活状态，用细节呈现新闻事件对人、对社会、对文化思想产生的影响。电影或其他艺术形式采用艺术的描述手法再现"真实"，艺术作品是超越现实的，无论多么严酷的事实，多么残酷的人生状态，都可能被艺术作品转化为"光明""希望""美好",给人们留下继续生存的希望。

对新闻报道、纪实文学和电影的整体关注,重点不在于体裁特征,而在于跨媒介资源标识出的认识形成、发展、深化的过程,帮助学生面对复杂的社会生活情境和不同类型媒介信息的传播方式,建构理性认知的路径,形成并能坚持正确的价值导向,在未来的社会生活中做一个负责任的信息传播者。

基于上述思考,以"2010年智利矿难带来了什么"为主题的跨媒介阅读与交流学习目标统整为:

> 在具体的社会生活情境中,能够关注不同类型的媒介信息,确定不同媒介形式的阅读重点与价值,借助不同媒介资源形成相对完整的认识过程,进而在真实的社会生活情境中采用多种媒介形式呈现自己的认识。

从单一目标走向统整性目标,是学习任务群设置理念的重要方面,确定了统整性目标,还要设计言语实践活动作为学习目标的载体与平台。对应前文1—9课时的整体布局,前5课时的主要任务是确定主题、制订计划、整理相关资料,形成阶段研究成果,第6—7课时的教学过程如下。

(一)整理新闻事实,完成并展示工作简报

完成第5课时的学习任务,学生已经初步浏览了各大网站对智利矿难的连续跟踪报道,按照时间线索整理了不同新闻媒体传递的基本信息,勾勒出矿难新闻的时间轴,用新闻事实清单的形式梳理出事件脉络和重要事实。

矿难发生后,最为重要也是社会各界最为关心的工作是各部门、各组织救援工作的开展情况。"工作简报"又被称为情况简报、工作动态,是简报的一种，常用于反映本部门、本组织一段时间内，工作进展的情况和存在的主要问题，以起到相互交流、启发的作用。用工作简报的形式梳理新闻事实，能够帮助学生看到新闻媒体的立场，看到救援过程中各方的主张与工作推进情况。从语言文字运用的角度，完成工作简报，学生必须选择"主体"，梳理与简报内容相关的信息，按照简报的格式要求撰写文字。活动设计为：

请选择一个参与救援的工作团队（或者政府部门、民间组织），选定具体的时间起止点，以负责人的身份撰写工作简报并报送相关部门。

完成这项活动后，张贴各组撰写的工作简报，组织学生互评，在展示交流的过程中进一步圈画重点、重新检索，确认各方援救的真实工作状态，以及不同政府部门、不同组织工作立场的差异。

（二）归纳各方观点，集体讨论撰写新闻评论

"矿难新闻时间轴"指向信息的采集、分类、整合；"工作简报"指向信息的分辨、综合、判断。以此为基础，进入新闻阅读的下一个阶段，针对具体的新闻事实形成并发表观点。学生在日常生活中接触过大量的新闻评论，比如报纸杂志与广播电视发表的社论、短评、专栏评论等。新闻评论是一种写作形式，更是一种传播力量，一种观念形态的社会存在，以传播意见性信息为主要目的和手段。面对在时间意义上已经结束，在人生意义上永远无法结束的新闻事实，学生形成了哪些观点？怎样用合理的媒介形式合宜地传播自己的"意见性信息"？活动设计为：

请在你检索的网站中选择一家，参考网站新闻评论栏目的文体样式，撰写一则新闻评论，动笔之前想清楚：针对哪个人群发表评论，希望达到什么目的，评论根据的基本事实有哪些。

完成了三种形式的表达与交流，新闻阅读的目的基本实现，上述言语实践活动意在提示学生认识到掌握信息的不同阶段，不同媒体各自有合理的做法，面对纷繁芜杂的社会生活与信息传播，不能肤浅、狂躁，要用合理的路径采集、整合、判断。上述学习活动突出体现了阅读与写作的融合，为完成言语实践活动，文体知识的学习与文体样式的辨别成为学生主动学习探究的内容。

（三）对比各类材料，辨别真伪、讨论立场

以新闻事实为基础，学生开启了纪实文学《深暗》的阅读和电影《地心营救》的观赏。这个阶段可以设计几个相对简单的活动，帮助学生认识新闻报道的立场与所呈现的信息的关系，文学作品价值观念与呈现方式的关系，试图借助各种媒介资源的对比分析帮助学生更为冷静地辨识与分析。

1. 命题人使用的信息是真是假？

这项学习活动采用的资料是一道高一物理选择题，请学生选出正确答案后，参照新闻和《深暗》判断题干引用信息的真实性。

2010 年 10 月 13 日，智利矿难中受困 69 天的 33 名矿工陆续乘坐智利军方的"凤凰号"救生舱，由 625m 深的地底升井获救，创造了世界矿难救援的奇迹，若救生舱在升井过程中的最大速度为 5m/s，加速和减速过程的最大

加速度均为 1m/s，则救生舱将一名矿工自井底升至井口停下所需的时间至少约为（　　）

A. 130s　　B. 135s　　C. 140s　　D. 150s

《深暗》中的文字能够帮助学生完成物理原理之外的判断。

"十一点十七分，'凤凰号'开始降下。救生舱以八十二度的斜角进入矿山，冈萨雷斯看不到下面的井道。他有收音机，但一百米左右，信号就消失了。舱内还安有摄像机，如果出现问题，他可以用手势跟地面沟通。'我的任务是确保一切运行正常。'他说，在这十七分钟的行程中，他基本都在四下查看。"[①]

"当时，午夜差几分钟，在缓慢上升的旅程中，10月12日变成了10月13日。耳边只有救生舱发出的'咣当咣当'之声：听起来好像在坐一辆年头已久的过山车。能感到前后晃动，但三十分钟的行程中，弗洛仁科一直很平静，因为大山内的漫长磨难即将结束。"[②]

完成这项学习活动后，学生开玩笑说明白了什么叫作"理想状态"，就语文学习本身而言，这道物理题是学生的额外收获，从另一个角度显示出学习任务群统整性目标的达成确实具有综合效应，可能超越学科边界，直接指向核心素养的整体提升。

2.环球网的报道真实吗？

这个活动采用环球网的消息作为学习资源，请学生联系其他新闻和《深暗》，对这则新闻报道做出评价，消息原文如下。

---

① ［美］赫克托·托巴尔著，卢会会译《深暗》，上海译文出版社 2017 年第 1 版，第 229 页。

② ［美］赫克托·托巴尔著，卢会会译《深暗》，上海译文出版社 2017 年第 1 版，第 232 页。

智利小型矿井坍塌 30 人受困 属该国罕见事故

环球网　2010-08-06

环球网记者王欣报道，智利北部的一座小型矿井在当地时间 8 月 5 日晚发生了坍塌，至少 30 名矿工受困，成为该国罕见的采矿事故。

据英国路透社 8 月 6 日消息，智利警方已经出动救援队全力抢救受困人员。救援负责人称，由于井下储备了相对充裕的食物和氧气，这些受困人员应该可以"坚持一段时间"。而当地媒体称，发生坍塌的矿井主要用于开采黄金和铜，事故的原因尚不明确。矿井附近的地势复杂，在一定程度上增加了救援难度。

报道称，智利是世界顶级的铜矿生产国，由于该国政府对矿业的监管程度较高，矿井事故在智利非常少见。

学生的评价主要涉及以下几个方面。

其一，信息的准确性。报道中的两个相关信息"成为该国罕见的采矿事故""由于该国政府对矿业的监管程度较高，矿井事故在智利非常少见"需要"证实"或"证伪"。学生援引《深暗》记录的历史上的矿难事实、矿工家庭叙述的成员遇难情况，以及政府监管疏忽等材料，从不同角度证明上述两个信息的不准确。

其二，报道者的态度。环球网记者的工作态度极为严谨，明确表示新闻报道并非源自现场采编，而是"第二手"资料，"据英国路透社 8 月 6 日消息""报道称"等字眼标明了信息来源。

其三，不同时间点信息的差异。学生注意到这篇报道发出的时间为 8 月 6 日，距离事件发生的时间短，很多在传播中的事实需要进一步确认、验证，这是可以理解的现象。

其四，不要迷信"权威"。通过检索资料，学生发现环球网是中央级综合性网络新闻媒体，路透社是英国最大的通讯社，位列世界媒体新闻通讯社第三位，即便如此权威的新闻机构，依然会在报道中出现不精准的信息，很大程度上是新闻传播的特点决定的，"当时看"和"往回看"，情形可能存在差异。

学生的表现反映出他们对新闻的认识，对新闻传播应持有的态度已经相对全面、理性，初步走过了用情绪思考、判断、表达的状态。

3. 立场决定报道的角度，你注意到了吗？

这项学习活动采用新华网的报道作为学习资源，新华网是我国重点新闻网站，依托新华社遍布全球的采编网络，每天24小时同时使用6种语言滚动发稿。新华网记者采访的对象是智利总统皮涅拉，稿件在传播事实的基础上凸显皮涅拉提出的"国家团结精神"，这与新华网的报道立场有关。新闻稿原文如下。

智利总统称矿难救援体现国家团结精神

新华网   2010-10-13

新华网智利圣何塞铜矿10月13日电（记者 栾翔 报道员 赵敬珩）智利总统皮涅拉13日说，智利圣何塞矿难救援体现了国家团结精神，表明全体国民只要保持团结就可以克服国家面临的巨大困难。

皮涅拉在首批矿工成功升井后激动地说，智利面临着许多问题和挑战，这样的团结精神和勇气显得尤其可贵。他强调，智利今年2月遭遇强烈地震袭击，灾后重建工作仍在进行中。此次受困矿工的救援行动表明，如果面对灾难团结起来，智利人民就能够做伟大的事情。他希望这样的精神能够在救援行动结束后延续下去。

皮涅拉对所有参与救援行动的人员、受困矿工和他们的家属表示感谢。他同时宣布，智利政府将在矿难救援营地上建立一座纪念碑，让子孙后代牢记这次矿难事故和伟大的救援行动。

皮涅拉说，任何国家在发展过程中必须保护工人的安全和利益。根据智利政府的决定，圣何塞铜矿和其他发生事故的智利铜矿在解决安全隐患、确保劳工安全之前，将不能继续运营。

今年8月5日，智利北部沙漠圣何塞铜矿发生塌方事故，导致33名矿工被困700米深井下。经过长达数十天的努力，救援人员终于挖通了救援通道，并于当地时间10月12日晚正式开始最后阶段的救援行动，目前已有十余名矿工成功获救。

检索《深暗》，皮涅拉的表现并不尽如人意，学生通过对比阅读认识到新闻事实不带感情色彩，但新闻工作需要有明确的价值观立场。在此基础上，设计了以下活动。

阅读下面的信息，了解网站的主要功能，选择其中一个网站，以智利矿难为内容主体，拟定一则新闻的题目。

（1）中青网：中国最大的以青少年为服务群体的综合性网站，目前拥有中国共青团、新闻、民族魂、血铸中华、青年论坛、中青校园通讯社、娱乐、教育、中青体育等400余个子网站，2 000多个栏目。

（2）浙江在线新闻频道：浙江新闻频道，以图文滚动等形式全面报道浙江各界以及各个领域发生的新闻事实，主要包括时事新闻、社会新闻、突发新闻、浙江各地新闻，浙江即时报、浙江在线原创报道。

（3）"三一重工"新闻网页：企业门户网站，栏目包括产品中心、新闻中心、服务支持、关于三一等。

三个网站的差异性特点鲜明，能够帮助学生更为深入地感受新闻报道的立场，选择"三一重工"，是因为它是我国唯一参与智利矿难救援的企业，从网站类型来说，能够对其他两个事业单位网站形成补充。

4. 不符合生活真实的电影镜头，传递了什么？

电影《地心营救》尽可能保留了智利矿难的真实面貌，但有两个镜头明显不符合"生活真实"。一个是"升井"的过程。在我们搜集到的新闻报道里，升井过程基本被忽略，比如下面的新闻。

智利33名矿工全部安全回到地面（节选）

中国新闻网　2010-10-14

中新网10月14日电 综合报道，举世关注的救援33名智利矿工行动于当地时间12日午夜启动，在全球观众注目下，智利圣何塞铜矿场受困矿工自当地时间13日凌晨零时12分陆续搭乘"凤凰二号"救生舱顺利升上地面。在欢声雷动中，家属深情相拥，现场笑容与泪水交织，掌声与欢呼不断。目前，这33名受困矿工已经全部安全回到地面"重获新生"。

北京时间13日上午11点11分，首名矿工弗洛伦西奥·阿瓦洛斯搭乘特制救生舱，成功回到地面，正式拉开了最后阶段大营救的序幕。

按照营救计划安排，身体最好的4名矿工首先升井，他们担负着向救援人员报告井下情况的任务。然后，身体较差、精神焦虑的人安排在中间出井。排在最后的是54岁的矿工负责人乌尔苏亚，正是在他的带领下，33名矿工度过了事故发生后最艰难的17天，等到了救援的消息。

北京时间14日上午8点56分，第33位矿工、54岁的矿工负责人乌尔苏亚成功升井，智利总统皮涅拉在井口迎接最后一名英雄的胜利回归，现场响起持久的掌声。

至此，智利营救被困矿工行动迎来大胜利，多方通力合作、缜密计划，历时 2 个多月创造了生命奇迹。据悉，智利将在发生矿难的矿场现场建一座国家纪念碑，纪念这次大营救，并向后代传达一种生的希望。

新闻节选部分对升井过程只有一句交代："北京时间 13 日上午 11 点 11 分，首名矿工弗洛伦西奥·阿瓦洛斯搭乘特制救生舱，成功回到地面，正式拉开了最后阶段大营救的序幕。"充分体现出新闻体裁精短、侧重呈现基本事实的特点。

《深暗》不仅详细描述了升井的过程，还通过后期访谈，还原了第一位升井矿工弗洛伦西奥·阿瓦洛斯（在《深暗》中名为"弗洛仁科"）升井的过程："弗洛仁科开始回想大山内发生的一切，随后，外面生活的种种回忆也涌现出来：遇见孩子母亲的那一天，儿子们出生的那一天，孩子们开始上学的那一天。他意识到自己的生活多么幸福啊。而现在，他依然很幸福，坐着救生舱从矿井的石洞内缓缓上升，承载着那么多看不见的男男女女的希冀与祝福。他能感到，空气越来越稀薄，耳朵堵塞了，然后嗡的一声耳鸣了。救生舱进入井道的最后一段，外面的微风吹进舱内。有几秒钟，周围全是钢铁加固的内壁，咣当声也消失了，一切都静得可怕。突然，收音机里传出响亮而刺耳的噪音，他听到了人的声音，很多人呼喊指令的声音，朝他、朝彼此，地面上的各种声音在头顶上方盘旋。突然，外面爆发出热烈的掌声。'凤凰号'还在缓缓上升，外面涌来那么多光线和色彩，弗洛仁科抬起头，看到一个晒得黑黝黝的男人，头戴白色安全帽，正从舱门的钢筋网里盯着他。"①

这个场景在电影里呈现得更为丰富：在升井过程中"凤凰号"被卡住了，四周黑暗一片，弗洛仁科不敢摇动，只能疯狂地大喊，但他的喊叫没有回声，一脸绝望的弗洛仁科竭尽全力喊叫的镜头无比恐怖；指挥室通过摄像看到了当时的场景，有人主张放下去，有人主张加大马力提上来，争

---

① ［美］赫克托·托巴尔著，卢会会译《深暗》，上海译文出版社 2017 年第 1 版，第 232 页。

吵持续进行而且越来越激烈；突然"凤凰号"重新缓缓移动，弗洛仁科露出惊喜的表情，指挥室的争吵停止了；"凤凰号"缓缓向上移动的慢镜头直接切换到升井成功后的欢呼、阳光和众多惊喜的表情。

这组对比度高的学习资源，让学生更为深刻地认识到不同媒介表现形式的差异。另外一个镜头，是"尘埃落定"之后，被解救出来的矿工们一起去看海，画面如下。

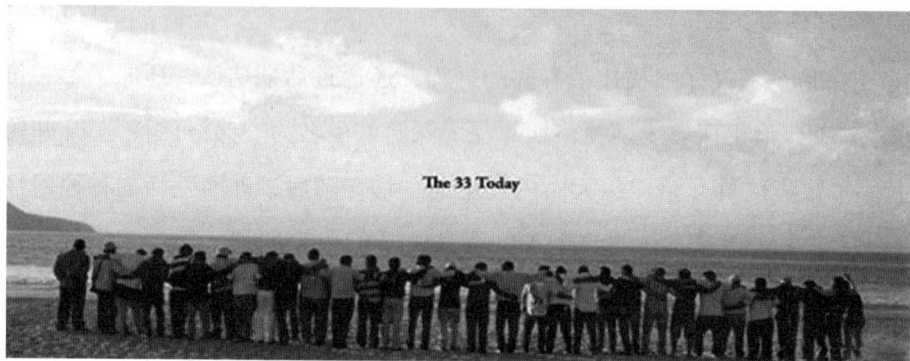

The 33 Today

图2-3　《地心营救》电影海报

对照《深暗》，学生发现这是在真实生活中不可能出现的情境。在矿井下，因为讨论各种援助的分配方式，矿工们已经"分崩离析"，被成功救援后，"第一个升井的工头弗洛仁科·阿瓦洛斯拒绝了所有行程邀请……已经回归常规生活，接受了一家矿场的一份地上工作"[①]。有些矿工因为疾病去世，有些挥霍了赔偿金后家庭发生变故，有些重新进入井下，开始了跟以前一样的生活。这个镜头体现出的团结、乐观在真实的被困矿工群体中并不存在。经由对照阅读，学生认识到不同媒介形式发挥着不同的社会功能，电影留给人们光明的样貌，让人们留存希望和美好，这是新闻和纪实文学难以实现的功能。

至此，学生看到了时间链条上不同媒介形式发挥的作用，看到了各种

---

① ［美］赫克托·托巴尔著，卢会会译《深暗》，上海译文出版社2017年第1版，第254页。

媒介形式的组合带来的新价值——新闻传递即时的真实信息，纪实文学呈现延时的心理信息，电影呈现事实的同时用艺术的手法凝结人性的美好。

（四）梳理学习经验，尝试组合多种媒介形式表达

这是一个从课内向课外延伸的环节，设计了三个言语实践活动，力求帮助学生凭借亲身体验进一步认识跨媒介表达在生活中的应用，具体内容如下。

1.你会把智利圣何塞矿难的新闻（电影、纪实文学）讲给谁？为什么？请根据你的讲述对象选择合适的讲述方式，准备好讲述的资料。

2.《地心营救》将在我们学校重映，请设计电影海报。

3.《深暗》到货，请为新华书店营业厅设计营销海报。

完成上述活动，学生需要建立"阅读"与"交流"的联系，用看到的、学到的呈现形式展示信息，以实现更好的交际功能。

"跨媒介阅读与交流"的学习进程比较长，需要向学生提出做学习笔记的要求，请学生在完成各项活动的过程中记录自己看到的、听到的、想到的，标识自己对跨媒介认识的变化。学生在学习笔记中记录了应用互文解读策略的心得；呈现了他们在不同媒介形式的资料中建立联系的思维导图；梳理了对比信息，用事实判断事实的方法；保留了他们对新闻、纪实文学、电影表现形式差异的追问，比如纪实文学是兼顾个体和群体的，电影更突出刻画个体形象，而新闻更强调事实本身通常不刻意描写形象；发现不同媒介形式有各自的时效、目的、对象、视角……

一件事情、一种观点、一个理念、一种情绪都可以通过多种媒介表达，"融媒体"已经成为当代社会传播的主要特点。动画片《冰雪奇缘》同时有电影、图书、音乐等媒介表达方式，还有服装设备等衍生品以及主题乐园等泛媒体传播渠道，不同渠道有不同的传播规律和语言样态，共同在社会生活中发挥作用。跨媒介信息获取、呈现与表达，需要学生观察、思考不同媒介语言文字运用的现象，梳理、探究其特点和规律，提高跨媒介分享与交流的能力，提高理解、辨析、评判媒介传播内容的水平，以正确的价值观念审视信息的思想内涵，培养实事求是的态度。

教育就是学生的真实生活本身，而不只是为未来生活做准备。语文学习的过程也应该与学生的未来生活密切相关，让学生在社会生活情境中探究、生成、表现，在未来更好地服务社会，实现自身价值。确定统整性目标，通盘设计整体性的言语实践活动，推进跨媒介阅读与交流的真实发生，促进学生语文学科核心素养的真实发展，这个思路很好地回应了《普通高中语文课程标准》（2017 年版 2020 年修订）"跨媒介阅读与交流"任务群的四点教学提示。

（1）教师可引导学生自主选择有关跨媒介的普及性著作进行研习。通过纸质文本、电子文本的阅读，或参观展览等途径，了解跨媒介的特点。

（2）教师要在学生感兴趣的媒介应用领域，创设应用场景，引导学生在实践中了解有关媒介对人们学习、工作、生活等方面的影响，并归纳分析，形成学习成果。

（3）通过实例分析，研讨多种媒介信息存储、呈现与传递的特点，分析合理选择、恰当运用不同类型的媒介对表现主题、传递信息、促进交往所产生的影响，加以总结，形成结论。

（4）教师应主要引导学生理解多种媒介运用对语言的影响，提高学生综合运用多种媒介有效获取信息、表达交流的能力，培养学生求真求实的态度。[①]

三、综合效应需要依托综合的学习内容

追求"目标发展的综合效应"，需要从单一目标设计走向统整性目标设

---

① 中华人民共和国教育部《普通高中语文课程标准》（2017 年版 2020 年修订），人民教育出版社 2020 年第 2 版，第 15 页。

计，这一观点在语文学习的各个内容领域都需要得到重视。写作教学如何实现"目标发展的综合效应"？可以从阅读与写作的整合、语言积累探究与写作的整合两个角度开展教学实践。

《普通高中语文课程标准》（2017 年版 2020 年修订）改变了以复杂记叙文、说明文、议论文为主的写作学习导向，没有设置独立的写作任务群，旨在推动以真实的社会生活、个人体验和学科认知情境为载体，引导高中生在真实的写作情境中完成真实的写作任务，尝试丰富的文体样式。在教学内容的安排上，写作融入语文学习的全过程，为阅读而进行的写作，为写作而进行的阅读，各有侧重，浑然一体，不再从语文学习过程中抽取写作训练系统，突破了"知识为先，范文引路"的模仿式写作教学窠臼。具体表现为 18 个学习任务群均根据各自的内容特点提出了相应的写作要求："整本书阅读与研讨"要求写梗概或提要、读书笔记与作品评价；"当代文化参与"的过程中要求用"习作分享"的形式组织活动；"跨媒介阅读与交流"倡导综合运用多种媒介有效表达交流；"语言积累、梳理与探究"要求试写短文，整合和解释有关现象；"文学阅读与写作"主张学生捕捉创作灵感，用自己喜欢的文体样式和表达方式写作，尝试续写或改写文学作品；"实用性阅读与交流"要求选择一个媒体形式分析其栏目设置、文体构成、内容的价值取向，撰写文字分析报告；"中华传统文化经典研习"要求选择一部（篇）作品，从一个或多个角度讨论分析，撰写评论；"中国革命传统作品研习"要求撰写读书笔记，整理采访记录，撰写学习体会和感想；"汉字汉语专题研讨"要求以撰写读书报告、语言专题调查报告、小论文等形式呈现学习成果；"学术论著专题研讨"要求借鉴专业学术论文的形式写作学术性小论文。在上述学习任务群中的要求中，写作均为语文学习过程的有机组成部分或自然延伸，大致分为过程性写作、文学性写作和评论性写作三个主要方向，充分体现了写作教学综合性、实践性的特点，凸显语文课程的性质，如图 2-4 所示。

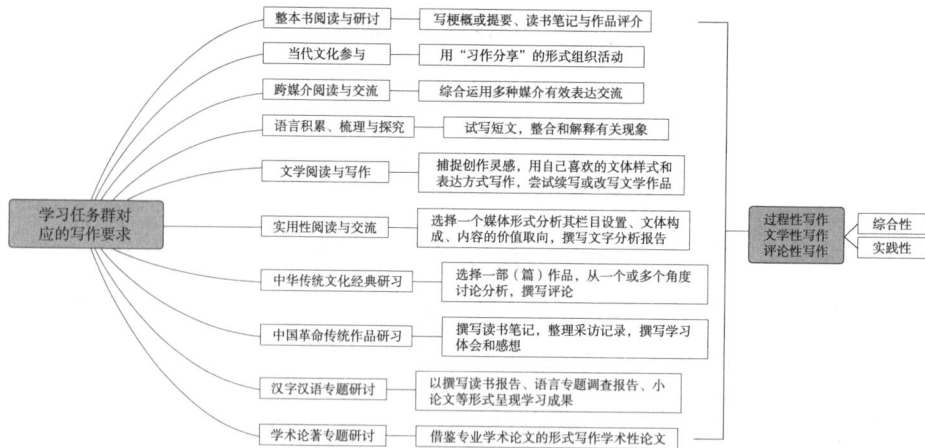

图 2-4 学习任务群中的写作任务安排

与各学习任务群的学习目的与内容相呼应，"学业质量水平"对写作水平的描述也体现出综合性的特点。水平四是高校考试招生录取的依据，语言建构与运用、思维发展与提升、审美鉴赏与创造、文化传承与理解四个维度的水平描述中均涉及写作能力的基本要求，摘录如下。

4-1 能根据具体的语境和表达的目的、要求，运用口头和书面语言，文从字顺、准确生动地表达自己的真情实感。

4-2 在表达时，讲究逻辑，注重情感，能综合运用多种表达方式，从多个角度、多个方面表达自己的理解和感受，力求做到观点明确，内容丰富，思路清晰，感情真实健康，表达准确、生动。

4-3 喜欢尝试用不同的语言表现形式表达自己的思想和情感，尝试创作文学作品。在文学鉴赏和语言表达中，追求正确的价值观、高尚的审美情趣和审美品位。

4-4 能在阅读和表达交流中探析有关文化现象；能结合具体作品，分析、论述相关的文化现象和观念，比较、分析古今中外各类作品在文化观念上的异同。[1]

---

[1] 中华人民共和国教育部《普通高中语文课程标准》(2017 年版 2020 年修订)，人民教育出版社 2020 年第 2 版，第 37~38 页。

"学业质量水平"对写作的要求覆盖了过程性写作、文学性写作和评论性写作三类，综合标定了表达的依据、方式、达成效果、实现的社会功能等方面的具体水平。

在"学业水平考试与高考命题建议"部分，《普通高中语文课程标准》（2017 年版 2020 年修订）明确提出了以具体情境为载体、设计典型任务、明确命题指向的思路，以及命题的基本原则，规定"以语文学科核心素养为考查目标，依据高中学生语文学业质量标准相应水平要求，通过阅读与鉴赏、表达与交流、梳理与探究等语文实践活动，呈现核心素养的发展过程与现有水平""以综合考查作为命题导向，通过综合性语言实践活动，考查学生语文学习的能力和水平""倡导综合性的测试形式，可围绕情境选择相关材料，设置一组有内在联系的、指向核心素养的问题或任务""测试形式要创新，多设置可供学生选择的题目"①。语文学科核心素养、综合考查、语言实践活动是考试命题要求的高频词，体现了教学、学习、评价的内在一致性。

统观《普通高中语文课程标准》（2017 年版 2020 年修订）各学习任务群的目标与内容要求、学业质量水平、高考命题建议的相关内容，高中作文教学与高考作文考查的变革方向主要体现为情境性、综合性、典型性和多样性四个方面。其中综合性直接影响其他三个方面，可视为设定高中写作任务、设计写作学习活动的基本原则。

下面两个写作任务设计展现了学习任务群"大单元整体设计"的思路，体现了学业质量监测"以综合考查为命题导向"的要求，力求达成不同内容领域"目标发展的综合效应"。

（一）与阅读材料整合的写作任务设计

与阅读材料整合的写作任务，关注阅读和写作两个内容领域的融合，学

---

① 中华人民共和国教育部《普通高中语文课程标准》（2017 年版 2020 年修订），人民教育出版社 2020 年第 2 版，第 49 页。

生在阅读过程中可能关注作者的生活、观点，或者作者的表达方式，也可能关注作品描述的世界，以及与作品相关的世界。由阅读内容出发，生发出自己的理解、认识、思考，联系自身生活，产生表达与交流的愿望。

部编版《普通高中教科书　语文　必修　下册》第六单元编选了三组五篇小说，包括《祝福》《林教头风雪山神庙》《装在套子里的人》《促织》和《变形记》。小说阅读需要关注语言、构思、形象、主题等多个方面，通过这些方面把握作品的内涵，理解作者的创作意图，认识经典小说的社会意义与传世价值。阅读小说，一般会先关注情节与人物，然后是内涵与主题，对艺术手法的关注贯串在阅读过程中；完成阅读后，回顾反思，借助拓展资料对上述各方面形成更加深入、理性的认识。按照阅读规律，写作活动的作用包括引领阅读进程和呈现阅读成果两个方面。第六单元的五篇小说都是经典作品，需要挖掘的内容比较多，建议采用先分后总的思路，逐篇设计统整性学习活动，然后再综合整个单元的作品设计统整性学习活动，学习项目设计如下。

《祝福》学习项目设计

1. 通读全篇，按照时间顺序整理相关信息，撰写《祥林嫂小传》。

2. 重读小说，整合相关细节，准备演讲稿《_____杀死了祥林嫂》。

3. 拓展阅读鲁迅《我怎么做起小说来》，以《祝福》为例说明鲁迅先生做小说的原因。

4.《祝福》中的白描手法体现出鲁迅创作的个性特征，请以《鲁迅式白描》为题提炼并分析其特点。

任务 1 属于过程性写作，能够引领学生在阅读过程中联系相关信息，对祥林嫂的人生历程形成完整认识。任务 2 属于评论性写作，融合学科认知情境和社会生活情境，讨论"_____杀死了祥林嫂"，需要关注小说的社会环境，意识到小说中的人物是社会环境的有机组成部分，鲁四老爷、柳妈、"我"和祥林嫂本人都是杀死祥林嫂的"利器"，造成人物不幸命运的社会根源极其深刻，而且很难逆转。要求学生写演讲词，意在提醒学生关注写作的目的和对象，认识到以交流分享为目的的写作要根据对象选择内容与表达方式。任务 3 属于过程性写作，学生在阅读过程中要提取相关信息了解作者的创作意图，首先要把握分析创作意图的基本角度，《我怎么做起小说来》传递的不仅仅是鲁迅创作小说的缘由，也是大多数小说家创作的缘由，提供了分析作者创作意图的若干角度。任务 4 是评论性写作，白描是学生初中阅读《湖心亭看雪》后就已经熟悉的写作手法，任务 4 力求引领学生在共性中追问个性，探析鲁迅艺术手法的个性特点。

《林教头风雪山神庙》学习项目设计

1. 通读全篇，绘制情节曲线图并配文字说明。

2. 联系情节曲线图，以《林冲性格的两次"陡转"》为题，分析林冲形象的发展变化过程。

3. 在情节曲线图上补充环境描写摘录卡片和说明性文字，阐释环境对情节的推动作用。

读书笔记大体上分为摘要笔记、提纲笔记和心得笔记三种，任务 1 兼具提纲笔记和摘要笔记的特点，能够起到引领学生梳理小说情节，关注发展"节点"的作用。任务 2 和任务 3 提示学生重视《林教头风雪山神庙》的两个突出特点，情节推动人物性格变化，环境描写推动情节发展。任务 2 与《祝福》的学习项目《＿＿＿杀死了祥林嫂》都指向人物和环境的关系，但更为强调人物性格与环境的互动，强调人物性格在社会环境中的变化。任务 3 可视为重读的要求，以任务 1 的情节曲线为基础补充讨论环境和情节的关系。《林教头风雪山神庙》的写作任务中两次出现为图片撰写文字说明，再次强调写作目的和对象，文字说明的一般作用是对图片信息的延伸、强调和评论，学生需要思考：看图片的人可能需要哪些视觉信息之外的内容，哪些信息是图片无法充分展现的。

《装在套子里的人》学习项目设计

1. 通读全文，选择标准为别里科夫的"套子"分类。

2. "套中人"可视为现代语境中的"熟语"，请检索相关资料，阐释"套中人"这个词语的形成过程，检索过程中你还关注到了哪些源自文学作品的"熟语"，请举例说明。

任务 1 的关注点依然是小说的主体内容，与《祝福》《林教头风雪山神庙》任务 1 的活动指向与设计思路相同，但活动形式不同，指向同一内容的活动设计要丰富多彩，力争带给学生新鲜感。任务 2 的设计思路兼顾"语言积累、梳理与探究"，引领学生认识词汇来源的同时启发他们思考小说多方面的社会价值。任务 1 和任务 2 都属于过程性写作，意在以学习项目督促学生用随笔的方式记录阅读发现与阅读收获。

《促织》和《变形记》学习项目设计

1. 对比阅读两篇小说，以《似曾相识的"人"和"事"》为题，讨论两篇小说人物、情节设计的异同。

2. 如果蒲松龄和卡夫卡相约聊天，他们会聊些什么？以《蒲松龄遇到卡夫卡》为题撰写小剧本，选择一个主题撰写"台本"。

任务 1 是典型的评论性写作，涉及人物塑造和情节设置两个角度，充分体现文学性阅读的特点。任务 2 是文学性写作和评论性写作的融合，学生需要初步了解两位作者的创作意图和风格，初步梳理两位作者的文学成就和影响，才能想象两人相遇的情境，选择两人对话的话题，话题可能涉及社会问题、人间世相、主题表现等多个角度。任务 2 与《祝福》学习项目设计中的任务 3 在内容上相关，学生再次思考作者的创作意图，进一步深化对创作意图的认识与理解。

单元整体学习项目设计

1. 如果将这五篇小说编辑成一部短篇小说集，你为会这部小说集拟定什么书名？理由是什么？

2. 请以《虚构的情节，真实的生活》为题，讨论小说的文学价值与社会价值。

3. 读完这五篇经典小说作品，你对小说的艺术手法产生了哪些新的认识和思考？请选择一个角度阐释分析。

上述三个学习项目，学生可以任选其一。任务1可以强调五篇小说的内在关联，契合教科书单元说明提出的"社会现实复杂多样，人间世相千姿百态"；可以突出五篇小说的风格类型，还可以侧重五篇小说作者的文学影响。任务2启发学生关注小说反映的社会现象、文化现象，写作《虚构的情节，真实的生活》需要充分调动学生文学阅读的体会，符合学业质量标准4—4的水平要求，学生在阅读中关注到小说表现的共同的文化现象，联想到自己经历过的类似文化现象，描述自己的经历，表达自己的情感与思考；或者因阅读生发思考，进而探析其产生的根源，思考不同社会形态中同一文化现象的差异，由文化现象阐释分析文化观念，表现自己的逻辑思维能力。

阅读材料在形式和内容上都极为丰富，阅读过程和阅读结果都能够触发学生写作的愿望，学生需要关注形形色色的文学、文化现象，未来需要面对复杂多样的社会问题，这些都可以成为设计写作任务的出发点，成为统整阅读与写作的落脚点。

（二）与语言积累整合的写作任务设计

阅读与鉴赏、表达与交流、梳理与探究是三种语文学习的基本活动形式，三种形式遵循语文学习规律形成内在联系，怎样在写作任务的设计上体现这种关联，实现目标发展的综合效应？下面的学习任务设计做出了有益的探索。

请阅读下面的材料，完成任务1—3。

①归去来兮，请息交以绝游。世与我而相违，复驾言兮焉求？（陶潜《归去来兮辞》）

②假舆马者，非利足也，而致千里；假舟楫者，非能水也，而绝江河。（《荀子·劝学》）

③（华）佗之绝技，凡此类也。（陈寿《三国志·魏书·华佗传》）

④因左手把秦王之袖，而右手持匕首揕之。未至身，秦王惊，自引而起，绝袖。(刘向《战国策·燕策》)

⑤孔子晚而好易，读之，韦编三绝。(司马迁《史记·孔子世家》)

⑥天宝中，益州士曹柳某妻李氏，容色绝代。(李昉等《太平广记》)

1. 请解释上述材料中加点字"绝"的词义，这些意义可以归纳为几个义项？简单说明你归纳的理由。

2. "绝"字这些义项之间有关系吗？如果有，说明它们的相关处在什么地方。

3. "断绝""继续""缠绕""缔结""编纂"这些动词，"纲纪""经纬""纤维"这些名词，"红""紫""绿"这些颜色词，都带绞丝旁，说明它们较早的意义都与古人的哪一个生活领域有关？你能从这些词里想象这个领域的生活情境吗？写一篇短文把你的想象描写出来。

上述学习任务中的写作出现在"语言积累、梳理与研究"任务群，学习语言文字是培养学生爱国情感，引领学生关注优秀传统文化的重要途径。培养学生对祖国语言文字的热爱，需要在具体的言语实践活动中，帮助学生认识祖国语言文字的不同特点，经由汉语、汉字的学习、体悟，认识到汉语的民族特性，提高对母语特点感受的敏锐度，在心里注入爱国情怀，进而产生民族自豪感，形成文化自信。上述学习任务旨在引导学生关注汉字汉语的特点，用自己的语言描述古代生产生活领域与汉字文化的关系。

除了汉字构形，还可以从汉字韵律的角度设计学习任务，"汉字是单音节而且有声调高矮的变化，这就影响汉语诗歌语法的构造。我常说汉语的诗歌像是七巧板，又如积木。把汉语的一个字一个字拼起来，就成了诗的句子。积木的背面是有颜色的，摆的时候得照着颜色块的变化来。由单字拼合成诗句，它也有个‘颜色’问题，就是声调的变化，汉语诗歌特别重视平仄、高矮，高矮相间，如同颜色的斑斓，这样拼成的诗句才好听，才优美。所以要谈汉语构成，先得说汉字，先得说汉字的声调。高高矮矮、抑抑扬扬的汉语诗歌是有音乐性的，诗句的音乐性正来自单字的音乐性。"[①] 参照这一观点，可以设计下面的学习任务。

> 《迢迢牵牛星》出现了六个叠词，迢迢、皎皎、纤纤、札札、盈盈、脉脉；《声声慢·寻寻觅觅》连用了七个叠词，后面还有"点点滴滴"，请你整理使用叠词的古诗词，完成任务1—3。
>
> 1. 按照朝代顺序整理使用叠词的古诗词，用批注的形式分析叠词的使用效果。
>
> 2. 检索阐释叠词内涵、功能、表达效果的学术论文，摘录主要观点。
>
> 3. 整合阅读体验与学习笔记，撰写《叠词、音韵美及其他》。

上述任务关注汉语的独特性，激发学生对汉语特点产生更大的兴趣，有助于增强热爱祖国语言文字的情感。三个任务都包含写作，任务1和任务2类似于日常阅读过程中的读书笔记，任务3属于文学评论，写作有机融入阅读与梳理的过程，学习目标的综合效应得以实现。

追求语言、知识、技能和思想情感、文化修养等多方面、多层次目标发展的综合效应，是《普通高中语文课程标准》（2017年版2020年修订）设置学习任务群的依据，也是践行高中语文课程改革的重要理念。综合的基础是目标的综合，落点是统整性学习任务的设计与实施。教师首先要强化意识，不断探索确定与达成统整性目标的策略，在实践中提高认识水平，以综合效应的实现为抓手推动高中语文课程改革的深化。

---

① 启功《汉语诗歌的构成及发展》，《文学遗产》，2000年第1期。

第三节 整合"学习内容、情境、方法和资源"

党的十九大明确提出,"要全面贯彻党的教育方针,落实立德树人根本任务,发展素质教育,推进教育公平,培养德智体美全面发展的社会主义建设者和接班人",立足国家大政方针,教育部在课程方案的制订上有机融入坚持和发展中国特色社会主义、培育和践行社会主义核心价值观的基本内容和要求,继承和弘扬中华优秀传统文化、革命文化,发展社会主义先进文化,加强法治意识、国家安全、民族团结、生态文明和海洋权益等方面的教育,培养良好政治素质、道德品质和健全人格,使学生坚定中国特色社会主义道路自信、理论自信、制度自信和文化自信,引导学生形成正确的世界观、人生观、价值观。语文课程目标是国家人才培养目标的学科化和具体化,上述目标不能依靠生硬的教条、简单的灌输实现,需要以任务为导向,以学习项目为载体,整合学习内容、学习情境、学习方法和学习资源。整合可以选择哪些立足点?教学实践发现,研究性学习可以有效整合上述四个要素,增加语文学习的广度和深度。

一、研究性学习的有机融入

2001 年,教育部颁布了《普通高中研究性学习实施指南(试行)》,将研究性学习作为高中学习的必修课程内容,概念界定为:"研究性学习是学生在教师的指导下,从自然、社会和生活中选择和确定专题进行研究,并在研究过程中主动地获取知识、应用知识、解决问题的学习活动。"即用类似科学研究的方式组织学生开展学习活动,开展方式涉及学科研究性学习、跨学科研究性学习、独立组织的研究性学习。

研究性学习的设计与实施也需要整合学习内容、学习情境、学习方法和学习资源。学习资源的概念,打通了生活世界和教科书世界,融通了生活资源和学科知识体系。生活与学术研究有其内在的逻辑关系，解决源自生活的现实问题，需要学术理论的支撑，在问题解决过程中又可能生成新的学术理论，理论与实践的互动在学生的学习过程中体现为学习内容、学习情境与学习方法的互动——学生在学习情境中发现问题，利用已有的知识体系探索解决问题的路径，并在此过程中完成知识体系的重构。学习内容和学习方法之间形成循环互动的关系。研究性学习立足于学生原有的知识结构，帮助学生在研究历程中实现知识结构的重新组织。因此，研究性学习的主题要根植于学生原有的知识储备和兴趣指向，引导学生研究的通常不是前沿的学术问题，而是与学生当前学习内容与学习目标相关的问题。学生在研究性学习过程中，随着知识经验在实践体验中的融会贯通，对原有的知识经验形成新的理解，生成新的意义。

从教师指导的视角，研究性学习可以分为以下四种。

验证基本原理。教师设计研究步骤，引领学生验证已知的科学原理，梳理概念的定义性特征，寻找例证证实某种观点。

建构研究过程。教师提出研究问题或者研究内容的同时提供具体的研究过程与研究方法，学生按照教师提供的研究设计完成研究过程，体验研究方法的应用和研究过程的完整。

引领学术思考。教师帮助学生发现社会生活或学科学习中存在的问题，启发学生用学术思维探求解决问题的方法，研究目的在于引领学生体验学术思想方法与思维方式。

拓展研究方向。教师提出研究性学习的基本环节和一般要求，激发学生自己发现问题、厘清问题的边界，自主确定研究问题、设计研究过程，有序推进研究获得研究成果。

学生在研究过程中经常要面临各种各样的挑战，比如推进研究需要的具体方法，深入研究需要的经验背景与知识背景，按照计划开展研究的自我管理能力，为保持研究动机持续进行的心理建设，等等。其中，背景知识的匮乏和知识结构的不完整是核心问题，无论采取哪一种研究性学习的方式，知识的补给和深层次理解都是重中之重，换言之，学习内容的获得是研究性学习的核心目标。在研究过程中遇到阻滞，需要参考教师提供的学习资源，借助教师设计的学习方法完成补给和深层理解，实现综合、批判、反思等高阶思维能力的发展，引入研究性学习实现整合的思路是围绕学习内容设施学习情境，提供学习资源，确定学习方法。

如果学习内容是类似撰写"旅游攻略"的独立性的单一内容，一般不需要采用研究性学习的方式，更理想的选择是设计学习情境推动学习过程，比如下面的任务设计。

你从某地旅行归来，朋友期待能留存攻略作为未来安排旅行的资料，为满足他的要求，你需要：

（1）说明确定旅行地的缘由；

（2）列举出发前的准备工作（衣物、药品、机票、经费）；

（3）整理完整的旅行路线图（行程、景点）；

（4）呈现风情特色与购物建议。

上述学习任务更关注信息整理与呈现，关注"攻略"的内容与体式，参照样例、考虑对象的实际需求，不需要开展研究即可完成。

如果学习内容是梳理某地历史发展过程的综合性内容，就需要选定研究主题，设计研究计划，实施研究过程，确定研究成果的类型并呈现。教师需要帮助学生明确选题价值，调整研究方法，提供整理文献资料、辨析材料真伪的方法，补充相关期刊、书籍和网络资源。在指导过程中要关注学生学科思维能力的发展和思想方法的确立，促进学生获得对学科本质和研究意义的理解，引导学生在亲历的研究过程中关注自我反思——不仅要认识到研究本身的价值，还要认识到研究对自身发展和成长的价值。通过师生间学科认知的交接、碰撞、介入与融合，实现学生的学科知识建构和精神成长，促成思维经验的交流与借鉴，进而发展个性化的思维特点。

研究性学习过程中，学生主体地位比较突出，以理解、体验、反思和创造为主要学习方式，即努力在反思性与批判性的实践中建构新的意义。

研究性学习的理论与实践研究相对成熟，如何借助研究性学习的设计框架，推进学习任务群的设计与实施？《普通高中语文课程标准》（2017 年版 2020 年修订）在"学术论著专题研讨"的相关规定中明确呈现了研究性学习的思路，要求学生依托学术著作选读活动，"体验学者发现问题、探索解决问题的路径，以及陈述学术见解的思维过程和表述方式，尝试写作小论文"[1]。"学术论著专题研讨"安排在选修阶段，按照设置意图，学生需要参与研究题目的选择与确定、研究文献的搜索与整理、研究过程的设计与实施、研究成果的确定整理等活动。

研究题目的选择与确定。语文课程中的研究题目通常源自阅读过程中的思考与发现，初步确定了研究问题，要追问基于阅读发现生成的问题是否有现实研究的意义，研究内容是否有足够的开放性，是否具有多角度分析讨论的价值，更为关键的问题是，是否真正对这个问题感兴趣。

研究文献的搜集和整理。检索研究文献的来源通常分为图书馆和网络两类，检索时要围绕研究问题确定关键词。高中生应该掌握分层阅读的文献处理方法，先浏览，选出对自己的研究具有重要价值的文献资料；集中阅读筛选出的资料，圈点勾画，做内容的分类标签，采用文献摘录和综述两种方式呈现文献整理的成果。

研究过程的设计与实施。一般研究设计先要列举研究内容，围绕具体的研究内容确定研究方法，语文学习中常用的研究方法包括文献研究、内容分析、三角论证等，选择研究方法的过程中要同步梳理清楚研究进程，而

---

[1] 中华人民共和国教育部《普通高中语文课程标准》（2017 年版 2020 年修订），人民教育出版社 2020 年第 2 版，第 31 页。

后按照研究进程顺序推进研究。

研究成果的确定与整理。不同的研究内容有不同的研究成果呈现方式，语文学科通常选用文献综述、研究论文、研究报告等，教师可以为学生提供不同研究成果的样本，请学生先对照比较，选择适宜的呈现方式，完成整理工作。

研究性学习的基本流程和重要环节，可以直接转化为学习任务群的设计思路。

二、用研究性学习框架实施"中华传统文化专题研讨"

"中华传统文化专题研讨"是选修阶段的学习任务群，在完成"中华传统文化经典研习"的基础上"选择中华优秀传统文化的内容组成专题进行深入研讨，旨在加深对传统文化的认识和理解，增强传承、弘扬中华优秀传统文化的自信心、责任感"①，学习目标与内容要求包括以下三条。

（1）选读体现传统文化思想精华的代表作品，参阅相关的研究论著，确定专题，进行研讨。加强理性思考，增进对中华文化核心思想理念和中华人文精神的认识和理解，体会中华文化创造性转化和创新性发展的趋势。

（2）阅读应做读书笔记。围绕中心论题进行有准备的研讨，围绕专题选择合适的方式展示探究的成果。

（3）进一步提高文言文阅读能力。尝试阅读未加标点的文言文。阅读古代典籍，注意精选版本。②

"中华传统文化专题研讨"设置 2 学分，36 课时，《普通高中语文课程标准》（2017 年版 2020 年修订）建议设置 3—4 个专题，每个专题 9—12 课

---

① 中华人民共和国教育部《普通高中语文课程标准》（2017 年版 2020 年修订），人民教育出版社 2020 年第 2 版，第 27 页。

② 同上。

时。依据学习目标与内容的要求，专题研讨的对象是"体现传统文化思想精华的代表作品"，这一要求与"进一步提高文言文阅读能力"形成呼应。在某种意义上说，"中华传统文化专题研讨"可理解为学生利用在必修阶段积累的"整本书阅读与研讨"的经验，开展中华传统文化经典的整本书阅读。在阅读内容的选择上，一般有两种思路：其一，选择内容能够形成完整结构的系列经典作品，引导学生较为全面地梳理中华文化核心思想理念，增进对中华人文精神的认识和理解，比如选择《论语》《六祖坛经》《庄子》等组成学习单元，帮助学生深入理解其思想观念对我国传统文化的影响；其二，沿着某一文化思想传统作纵贯式地阅读与研讨，比如选择《诗经》《杜工部集》《儒林外史》等组成学习单元，沿着现实主义传统的发展历程引导学生逐步深入探索、研究。课时分配可以采用"总—分—总"式，示例如下。

第1课时 总体介绍学习内容安排、讲析基本研究思路与研究方法。

第2—10课时 完成第一个专题的研究性学习。

第11—20课时 完成第二个专题的研究性学习。

第21—30课时 完成第三个专题的研究性学习。

第31—35课时 完成第四个专题的研究性学习。

第36课时 展示研究成果，总结研究经验。

教师可以根据学生选读经典的具体情况调整课时分配，具体到某个专题的9—12课时，建议按照研究性学习的推进过程分配，示例如下。

第1课时 重读经典作品选入语文教科书的篇目。

第2课时 经典作品读书会（1）——通读。

第3课时 经典作品读书会（2）——研读。

第4课时 经典作品研究资料会读（1）——梳理研究方向。

第5课时 经典作品研究资料会读（2）——研究成果分类。

第6课时 研究选题汇报、研讨、调整。

第7课时 研究过程中的问题发现与解决。

第8课时 研究成果类型的确定与撰写。

第9课时 研究成果展示与未来研究建议。

经过师生的沟通、协商，选择《诗经》作为"中华传统文化专题研讨"的第一个学习专题，整体教学设计与实施情况如下，为叙述简洁，不再呈现教学过程与课时的对应情况。

（一）回顾与反思：那些我们读过的《诗经》作品

中小学语文教材中选入的《诗经》篇目并不多，大致包括《关雎》《蒹葭》《伐檀》《鹿鸣》《氓》《采薇》《无衣》等，学生对这些作品的印象并不深刻，大多数学生不能背诵整首诗，针对这种情况，重读的任务设定为：

重读《诗经》中的经典篇目，记录先民的所思所想，说说你有哪些新的阅读发现。

学生逐篇整理重读笔记，发现为数不多的篇目涉及的主题范围很广泛，爱情、生产生活、对贵族的讨伐、宴宾客、战争、思想、对人生的慨叹等等，比较全面地记录了当时的社会生活场景、家庭生活状况、战争对生产生活的影响，能够看到先民的生活观念、爱情观念。学生的重读笔记大多是对诗歌内容和主题的分析，或整体阅读后的体验和认识，选录如下。

（1）《诗经》是古代先民的歌唱，描画了丰富多彩的生活图景，传递出细腻多样的人生情感。

（2）《诗经》的主题成为后世很多诗歌主题的源头，沿着《无衣》和《采薇》，我们可以看到《木兰诗》，能够想起《十五从军征》，想到《兵车行》，让我们重新思考战争带给人们的豪情、悲喜，看到家国情怀和个人情思的冲突，看到战争对人生、对文学的影响。

（3）《论语·阳货》中孔子曾谈到《诗经》的价值："小子何莫学夫诗？诗，可以兴，可以观，可以群，可以怨。迩之事父，远之事君；多识于鸟兽草木之名。"确实如此，这几个方面在重读的时候都有所发现。

经典的重要特征之一是重读时能带来新的思考和发现，这是学生乐于开启《诗经》全本阅读的重要基础。

（二）通读与关注：盘点《诗经》的作品分类

类，是指一组具有某一共同属性的事物对象的集合。类目是分类的基本单元，也可以说是分类形成的结果。分类是人们以识别事物属性为基础，形成系统化、条理化认识的思维方法；类目化的过程，是学生以分类为基本方法建构知识体系的过程。要求学生通读《诗经》，按照自己的分类标准完成分类，意在帮助学生实现《诗经》篇目类目化的过程，发现自己的关注点。学生选用的分类标准不需要"专业"，但要有自己的思考，能够自圆其说。学生的分类方式主要有以下六种。

（1）《诗经》的教育功能——"兴"，充分而优雅地表达情感；"观"，观察了解四方风俗、民风民情；"群"，学习与人相处，开展有文化思想的交流；"怨"，讽刺宣泄。

（2）《诗经》的教育内容——与人交往、君臣之道、认识自然。

（3）《诗经》的主题——祖先祭祀、农事活动、婚姻家庭、宴饮、战争。

（4）《诗经》的音乐——风土之音、朝廷之音、宗庙之音。

（5）《诗经》的题材——农事诗、田猎诗、征役诗、婚恋诗、政治美刺诗、战争诗、宴饮诗、祭祀诗。

（6）《诗经》的世界观——生活观、婚恋观、家庭伦理观、政治观、宗教观。

完成通读和分类，学生认识到《诗经》类似一部时代的百科全书，既有宏大的叙事又有细腻的情感，从国家宗庙祭祀、战争军事、朝廷集会，到蚕桑农耕、屯戍行役、婚丧嫁娶、娱乐游观等诸多方面，展现了先民丰富多彩的生活场景、广阔多元的精神视域。在全面阅读的基础上，学生的注意力已经被某些或某类诗歌吸引，为选题奠定了初步基础。

（三）研读与探究：《诗经》的文学与文化

在通读和分类阶段，学生更多关注《诗经》的内容与主题，在研读和探究阶段，学生应该能够再走一步，看到《诗经》承载的文学与文化传统，"民族文化传统是经过长期的历史积淀而形成的对现实社会仍产生巨大影响的文化特质或文化模式，它反映了人类社会的历史相似或历史延续性质"①，在教师的提示下，学生重点关注了以下三个方面。

> 其一，《诗经》对后世文学的影响，主要讨论"赋比兴"的手法和《诗经》意象的流传。
>
> 其二，《诗经》形成的礼乐文化，《诗经》中出现了26种乐器名称，在不同的诗歌中，各种乐器发挥着不同的作用，成为后世礼乐制度的重要组成部分。
>
> 其三，《诗经》的思想观念传统，比如重视农耕、好勇尚武、安土重迁等价值观念，父慈子孝、兄友弟恭、夫妻恩爱等家庭观念，以德配天、敬天保民、尊贤重才、忠君爱国、礼乐致和等政治观念，祖先崇拜、自然崇拜等宗教观念。按照现代社会的理解，《诗经》还蕴含着爱国主义、集体主义等思想。

为帮助学生深入认识《诗经》对后世文学的影响，可以设计下面一组学习活动。

> 1. 回顾你读过的诗歌，选出你记忆最鲜明的意象。
>
> 2. 寻找这一意象在《诗经》中是否已经出现，如果出现，请用"查找"功能确认其在《诗经》中出现的次数；如果没有，再选择一种意象，直到检索出《诗经》中出现的意象。

---

① 顾明远、高益民《现代化与中国文化传统教育》，《北京师范大学学报》(社会科学版)，1995年第5期。

　　3. 分别讨论这一意象在《诗经》不同篇目中的内涵，列表呈现。

　　4. 检索后代使用这一意象的诗歌，分别阐释这一意象在后世诗歌中的情感与思想内涵。

　　5. 梳理这一意象内涵在中国诗歌发展过程中的"变"与"不变"，撰文表达你的观点。

　　这组学习活动在内容上侧重挖掘《诗经》的内涵，在方法上呈现了文献研究的基本思路，意在引领学生在历史发展的脉络上梳理、描述文学现象，进而形成自己的解释。有的学生关注到了《诗经》中"树"的意象，通过检索发现《诗经》中有88篇诗歌出现了树的形象，不同篇目使用的名称有所不同，可分为"林""木"和具体的树种，比如桑树、杨柳、榆树、柏树、桃树、栎树、杨树、榛树等，其中桑树出现的频次比较高，大约有22篇诗歌使用了桑树的意象。学生检索了不同时代运用桑树意象的诗歌——陶渊明的《归园田居》、孟郊的《织妇辞》、元稹的《春分投简阳明洞天作》、陆游的《夏日五鼓起戏书》、杨万里的《云龙歌调陆务观》、范成大的《田家留客行》，联系现代诗歌散文中对桑树的描写，分析"桑树"意象内涵的变化历程。

　　完成这组学习活动，学生基本上已经能够从"内容主题"走向"文化内涵"，从关注《诗经》写了什么到关注《诗经》为我们带来了什么。

（四）检索与梳理：21世纪的《诗经》研究

　　这个阶段的学习重点是"海选"和"聚焦"文献资料。研究《诗经》的文献资料极为丰富，研究层次分布极为广泛，教师可要求学生先到"中国知网"浏览，把自己筛选出的文献发到班级学习群共享，教师全程参与浏览、转发、讨论，跟学生一起筛选出共同阅读的6篇论文。

（1）贾娟:《〈诗经〉的语言特色研究》

（2）李荀华:《〈诗经〉复沓章法散论》

（3）严敬华:《执子之手，与子偕老——浅析〈诗经〉中女性的爱情观》

（4）王亦玮:《〈诗经〉男性人物形象"美"的描写艺术》

（5）韩雨笑:《〈诗经〉中的植物意象》

（6）吴美卿、黄晓慧:《〈诗经〉中的植物意象探析》

这6篇论文涉及相对广泛的研究视角，在研究方法和论文的结构体式上为学生提供了参照、模仿的样本。进而要求全体学生浏览6篇论文，选择其中的1篇撰写提纲笔记和阅读收获。学生的提纲笔记大多按照1—2级标题呈现，类似"论文目录"，如表2-4所示。

表2-4　学生阅读《诗经》文献资料笔记（1）

文献题目	《诗经》的语言特色研究	
提纲笔记	①植物意象的表现形式	
	②《诗经》的语言特色	用词准确丰富
		语言生动形象
		拥有音韵美感
		语言风格多变
	③结语	
阅读收获	作者条分缕析地分析了《诗经》的语言特色，每个特色后面都有具体的例子，观点和例证对应准确。	

提纲笔记的形式能够帮助学生梳理文献的基本信息，呈现作者论证的过程以及隐藏在研究成果背后的基本研究思路或方法，能够比较简便、快捷地实现阅读的完整性和准确性。表2-5呈现了学生阅读《〈诗经〉中的植物意象探析》后完成的提纲笔记和阅读收获。

表 2-5　学生阅读《诗经》文献资料笔记（2）

文献题目	《诗经》中的植物意象探析		
提纲笔记	①植物意象的表现形式	情感的表现	美好的爱情
			相思怀人
			美好的祝愿
		人物形象的象征	女性形象的象征
			男性形象的象征
	②植物意象形成的因素	生产方式	
		被神话的植物	
		生殖崇拜	
		审美感受	
阅读收获	《〈诗经〉中的植物意象探析》主要对《诗经》中的植物进行了分类，食用植物、观赏植物、祭祀植物以及有其他象征意义的植物，本文更多关注植物意象的情感表现与形成过程，对比两篇文章，前一篇更"科学"，这一篇更"人文"。		

以学生自主阅读文献为基础，师生共同完成了两张思维导图。第一张重点梳理 21 世纪《诗经》研究的主要方向，如图 2-5 所示。

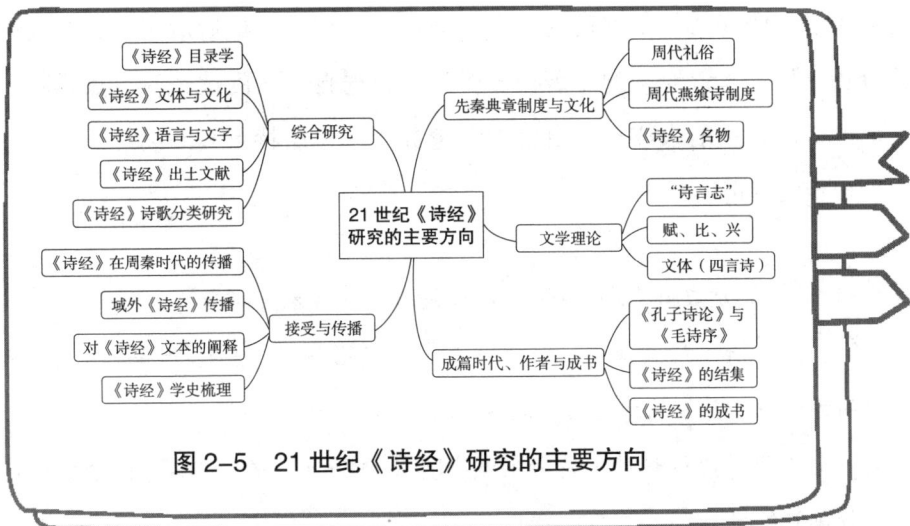

图 2-5　21 世纪《诗经》研究的主要方向

第二张思维导图从文学角度梳理不同文献理解、讨论《诗经》的具体方向，如图2-6所示。

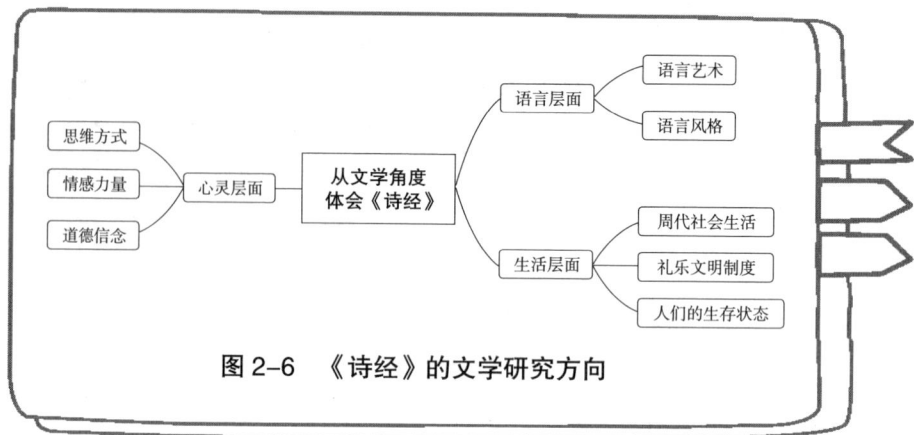

图2-6 《诗经》的文学研究方向

这个阶段的学习活动帮助学生初步确定了开展《诗经》专题阅读的方向，在深入研读和共同完成思维导图的过程中，学生逐渐在《诗经》研究的坐标系中确认了自己感兴趣的内容与方向。

（五）拓展与延伸：名家的《诗经》解读

文献阅读带有碎片化学习的倾向，名家解读《诗经》的专著能够让学生看到系统研究的思路和成果呈现方式，看到不同主题如何被拆分为小的研究主题，研究如何从宏观的方向走向中观的层次，最后落实到微观的阐释分析。研究《诗经》的专著很多，教师根据自己的阅读经验重点推荐了下面的作品，用前人或作者自己的评论标明了作品特点和阅读价值，便于学生初步确定选读意向。

（1）（清）方玉润《诗经原始》：探求古人作诗本旨而原其始意也。

（2）流沙河《诗经现场（修订版）》（新星出版社，2016年版）：以还原现场的方式讲述每一篇诗背后的故事。

（3）王力《诗经韵读·楚辞韵读》（《王力全集》第十二卷）：分析《诗经》押韵的规律。

（4）扬之水《诗经别裁》：于公共标准之外，别存一个自己的标准，选择妥帖的古注来注释诗中的文字。

（5）梁高燕《〈诗经〉英译研究》：探索《诗经》翻译研究的历史与现状。

（6）[日]白川静《诗经的世界》：从民俗学视角把握"兴"的表达，力求还原鲜活的古代世界；与日本的古代歌谣《万叶集》作对比。

（7）潘富俊《美人如诗，草木如织：诗经植物图鉴》：以植物学的角度，全新解读《诗经》中的植物。

（8）李山《大邦之风——李山讲〈诗经〉》：《诗经》里藏着的中国人的过去和现在。

要求学生根据上述信息，初步选定一本书，多角度检索相关信息与评价，最终选定其中一本完成阅读。《诗经》研究的专著中呈现出的系统研究思路以及深度解读文本的方法，有助于学生从整体上思考《诗经》的意义和价值，从整体上追问自己的研究方向。

（六）确定与规划：选定主题、制订计划

这个环节用1课时完成，目标设定为——探寻前人的选题方向，加入"我"的视角，找到自己的方向。主要讨论下面两个问题。

（1）读完6篇论文和1本专著，你受到了哪些启发？计划选择什么研究主题？

（2）从6篇论文中选择1篇重新阅读分析，思考怎样才能写出这样的论文，据此制订自己的研究计划。

学生在课堂上表达自己的想法，集体讨论，修正、完善，他们选定的研究主题主要涉及三个方向：《诗经》本体研究，如语言、形象、主题、传播与接受、对中华文化的影响等；联系其他学科，开展"跨界"研究，如从生物学的视角研究《诗经》中的植物，从艺术学科的视角研究《诗经》的审美特征等；探索《诗经》与自身发展、现代生活和中外其他文本的关联。大多数学生能够根据研究主题制定合理的研究进程：先研读文本，深度解读与选题相关的诗歌，立足文本解读收集、整理语言材料，从中发现、梳理规律，用结构化的方式呈现自己的研究发现，撰写研究成果。

（七）展示与完善：撰写成果、讨论交流

这个环节用 1 课时完成，学生借助不同媒介形式展示、宣讲自己的研究成果，在交流过程中，很多学生提到了前人研究过程中对"别样""别裁""别家"的重视，将研究的基本路径概括为：读原典—查文献—选专题—作计划—重读原典—扩展文献资源—梳理研究发现—呈现研究成果。

在交流成果的过程中，教师要自觉引领学生理解"创造性转化与创新性发展"，利用学生的真实成果说明如何实现转化与发展。

三、"学习任务群＋研究性学习"的设计原则

利用研究性学习的实施路径设计高中语文学习任务群的教学方案，需要关注以下几个方面。

（一）立足语文学科本体性知识选择研究主题

在高中开展研究性学习的根本目的是引领学生利用原有的知识经验解决问题，在此过程中获得新的知识，实现原有知识体系的重组重构。教学设计与实施的关注重点不是研究性学习如何展开，而是如何利用研究性学习成熟的操作实施办法推进学习任务群的落地。不是所有学习任务群都适合采用研究性学习的设计思路，相比必修和选择性必修阶段，选修阶段 6 个学习任务群的学习内容与研究性学习的思路更为契合，如"汉字汉语专题研讨""中华传统文化专题研讨""中国革命传统作品专题研讨""中国现当代作家作品专题研讨""跨文化专题研讨""学术论著专题研讨"等。

（二）提供承载基本研究方法的研究成果样例

不建议给高中生专门讲授研究方法，教师可以精心挑选使用不同研究方法的研究成果作为样例，让学生在对比分析中看到作者研究选题、研究路径与研究方法的差异，在深入阅读研究成果的过程中体验、分析研究方法，即从学习、模仿到创新，逐渐找到与研究主题匹配度高、与自身个性特征相适合的研究方法。教学过程中使用的研究成果样例需要承担两个任务——标识研究方向，显现研究方法。提纲笔记能够帮助学生更好地看到文献的完整结构与研究方法，列提纲有助于学生在关注信息的同时关注信息间的内在逻辑关系，能够从"怎样做到的"这个层面探析作者的思想方法，获得多方面启发。另外，教师要全面关注学生的研究过程，提醒学生高质量的研究流程和严肃的研究态度才可能产生高质量的研究成果，坚决杜绝"复制粘贴"的敷衍应付。

（三）教学资源的选择要符合学生的真实需求

高中生的研究性学习需要关注基本的研究方法，体验规范的研究过程，教学资源的选择要侧重"基础性"，尽量选择那些中规中矩、条理清晰、语言规范的文献资源，选择写给"广大读者"而非"学术同行"的专著。这样的教学资源能够引领学生在平易的学术氛围中走进学术研究历程，降低学生对学术研究的距离感和畏惧感。前沿的研究成果、理论性强的表述方式不一定适合作为高中语文的学习资源，高中生的研究目的并非走上前沿，而是体验规范。

第四节 设计"学习项目"组成"学习任务群"

学习任务群要求采取大单元整体设计的教学思路，对教学组织形态提出了新的变革要求，统整性目标要求统整性实践活动与之匹配，统整性实践活动大多需要比较长的时间，其外在形态主要是学习项目，若干个学习项目组成学习任务群，形成合力达成学习任务群的目标要求。单个学习项目设计，本章第一至第三节已经提供了比较丰富的样例，重点讨论了学习项目的教学理念——体验式学习，完整呈现了学习项目的基本构成要素——学习内容、学习情境、学习方法、学习资源，分析了学习项目的特点——实现目标发展的综合效应。

综合第一至第三节的案例，学习项目是由学习内容、学习情境、学习方法、学习资源构成的统整性言语实践活动，学生在活动过程中通过具体体验生成思考认识、建构知识体系，实现多方面、多层次目标发展的综合效应。设计"学习项目"组成"学习任务群"，在教学实践中需要重点解决三个问题：学习项目的组合关系，学习项目的实现路径，学习项目的课堂教学策略。下面分别用具体的教学实践过程展开讨论。

一、学习项目的组合关系

"若干学习项目组成学习任务群"①，关键在于学习项目的设计和学习项目之间的组合关系。经过长时间的实践，高中阶段语文学习项目的组合关系可以概括为以下三种类型。

（一）阶段化分解

有些学习任务群的目标需要拆分为若干个循序渐进的步骤，每个步骤

---

① 中华人民共和国教育部《普通高中语文课程标准》(2017 年版 2020 年修订)，人民教育出版社 2020 年第 2 版，第 8 页。

设计一个学习项目，学生完成学习项目的过程类似建房子，搭起框架、建造主体、安装暖通、外部装修、内部装修……完成施工的各个环节，出现在眼前的是一栋可以"入住"的房子。例如"文学阅读与写作"，《普通高中语文课程标准》（2017 年版 2020 年修订）规定的学习目标与内容如下。

（1）精读古今中外优秀的文学作品，感受作品中的艺术形象，理解欣赏作品的语言表达，把握作品的内涵，理解作者的创作意图。结合自己的生活经验和阅读写作经历，发挥想象，加深对作品的理解，力求有自己的发现。

（2）根据诗歌、散文、小说、剧本不同的艺术表现方式，从语言、构思、形象、意蕴、情感等多个角度欣赏作品，获得审美体验，认识作品的美学价值，发现作者独特的艺术创造。

（3）结合所阅读的作品，了解诗歌、散文、小说、剧本写作的一般规律。捕捉创作灵感，用自己喜欢的文体样式和表达方式写作，与同学交流写作体会。尝试续写或改写文学作品。

（4）养成写读书提要和笔记的习惯。根据需要，可选用杂感、随笔、评论、研究论文等方式，写出自己的阅读感受和见解，与他人分享，积累、丰富、提升文学鉴赏经验。①

用思维导图梳理上述目标，能够清晰地看到目标之间的关联。

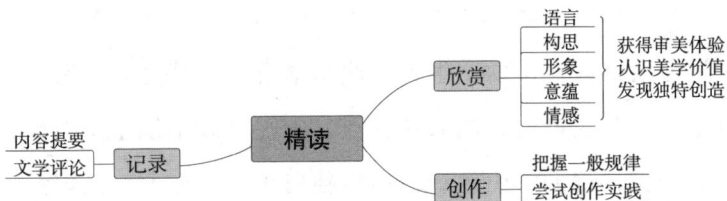

图 2-7　"文学阅读与写作"学习目标与内容②

---

①　中华人民共和国教育部《普通高中语文课程标准》（2017 年版 2020 年修订），人民教育出版社 2020 年第 2 版，第 17~18 页。

②　吴欣歆《基于课标的教学内容选择》，《语文学习》，2020 年第 1 期。

欣赏、创作和记录是需要统整的学习目标，需要综合起来整体设计。单就欣赏的目标而言，学生的认知发展有相对清晰的层次，语言、构思、形象、意蕴、情感是欣赏的具体内容，通过对这些具体内容的欣赏把握作品的内涵，理解作者的创作意图，在正确理解作品的基础上才能结合自己的生活经验和阅读写作经历，发挥想象，加深对作品的理解，力求有自己的发现。设计学习项目既要关注欣赏、创作、记录的统整性特点，又要关注欣赏的阶段发展特征，建议以欣赏为核心设计阶段分解的学习项目，在各个阶段的学习项目中相机融入创作和记录的目标要求。

部编版《普通高中教科书　语文　必修　下册》第二单元编排了《窦娥冤（节选）》、《雷雨（节选）》、《哈姆莱特（节选）》三篇课文，属于"文学阅读与写作"任务群，按照阶段分解的组合关系，整体上可以设计五个学习项目。

1. 经典戏剧语言排行榜

在阅读剧本的过程中选出你认为最为精彩的戏剧语言，制作"打榜卡"，用你觉得能够引起关注的方式摘抄并评论，张贴到班级展墙。

这个学习项目旨在帮助学生关注戏剧语言的独特之处，通过阅读古今中外的剧本，了解戏剧语言的共性特点，教师可以组织学生投票，将精彩的戏剧语言分类，帮助学生认识对白、独白等语言形式，认识潜台词特殊的表达效果等，初步建构戏剧语言的知识框架。

2. 戏剧创作中的"人物小传"

戏剧创作中的"人物小传"涉及两个阶段，一是剧本创作阶段，编剧用人物小传的形式呈现故事梗概、人物名字、人物背景、人物经历、人物关系、人物结局等基本信息；二是剧本排演阶段，导演或演员用人物小传的形式分析形象，说明自己对人物的理解。请你选择一种身份，选定一个人物创作"人物小传"。

推进这个学习项目，教师需要准备典型样例作为学习资源，借助典型样例分析"人物小传"的结构方式与内容要点，帮助学生从整体架构上形成认识。例如演员王斑撰写的"周萍小传"。

周萍是一个幼年失母，又远离父亲，独自一人在乡下生活多年，直到成年后才回到父亲的身边，久未体验到亲情的孤独青年。因此他对爱是非常渴望和依恋的。但他的父亲又是一个威严的家长，更关注的是自己事业的成功、家庭在外人面前的体面，而不是久未见面的长子内心的情感。可以想象，他带给周萍的更多的是敬畏、威严、压力，父爱的给予则微乎其微。周萍渴望爱。所以，当周萍感应到他那年轻美丽、外表冷漠的继母内心的热烈和狂野，对爱的渴望也达到疯狂时，他们就像跋涉在茫茫沙漠中的两个孤独的旅人，对爱的共同追求使他们必然会干柴烈火般地燃烧起来。在那种情况下，他们只顾沉溺于旋即而来的男女情爱，畸恋的罪恶感、对别人的负疚感等都变得微不足道。

但时过境迁，再热的爱情之火也会冷却下来。这时的周萍心中对父亲的敬畏和尊敬重占上风，他惊觉自己做了最对不起父亲，对不起弟弟，对不起这个家的事。罪恶感于是牢牢攫住了他,他想摆脱但又无力抗拒。就在这时,四凤出现了,这是个集纯洁、美丽、天真、热情于一身的女孩子,周萍就像抓救命稻草般地抓住了她。这时,他是真心地爱上了四凤。先不说她本身的可爱,就算是一个少爷爱上了伺候他的丫环再不光彩,但和爱上继母相比,这总是一段能说得出口的感情。况且,无论从身份和感情上,四凤都不会给自己压力(他可以用口哨让四凤随时出现在眼前)。但如果因为对四凤的情感转移,而把周萍对蘩漪的感情理解成只剩下厌恶和反感,那么周萍无疑是个无情、冷酷的人。事实上,周萍是有感情的,也不麻木,否则他当初不会爱上最不应该爱的蘩漪,现在也不会借对四凤的爱来逃避这一切(这有点儿像饮鸩止渴)。

…………

猜想他第一次看到蘩漪在客厅里哭,年轻人的冲动和激情让他觉得自己是唯一可以保护她的男人,于是他把她揽在怀里,直至说出:"我恨他早死","我恨他因为他和你在一起,我不想看到你哭,你不开心"。蘩漪扑向周萍,周萍再也不能抵挡,一切不该发生的事情终于发生了。其实对蘩漪,周萍开始是不愿意看到她的痛苦,后来做出了乱伦的事情又很后悔,非常害怕蘩漪那复杂的目光。因此第四幕当蘩漪跪地请求,他想握住蘩漪的手,旋即又迅速抽回,一句"年轻人犯了错你就不肯原谅吗",让人解读到了周萍——这样一个年轻人在冲动过后无力承担责任,无颜面对过去,倍受折磨和痛苦的绝望心情。①

"周萍小传"的第一部分(1、2自然段)内容分为两个层次,一是演员对人物的形象定位"孤独青年",二是对周萍性格形成原因和变化过程的描述与解析。第二部分着重分析人物行为细节反映出的心理状态,即用细节诠释人物的情感变化。撰写"人物小传"能够帮助学生更加熟悉剧本内容,细致深入地解读人物,体会戏剧冲突,是理解《雷雨》内涵的重要环节。

---

① 刘章春《〈雷雨〉的舞台艺术》,中国戏剧出版社 2012 年第 1 版,第 305~306 页。

3. 还原戏剧创作过程

阅读曹禺的《我如何写〈雷雨〉》①，用流程图呈现曹禺创作《雷雨》的过程。

分析《雷雨》的创作过程，意在启发学生从中发现戏剧创作的一般规律，如故事的生发、人物的设计、戏剧冲突的设置等等。在这个学习项目中，也可以引入其他两篇课文的创作背景，帮助学生在阅读过程中了解戏剧创作，补充对戏剧创作的认识，在整理戏剧语言知识的基础上学习戏剧创作的相关知识。

4. 选择剧本，排演5—10分钟的短剧

（1）深入研读剧本。要牢牢抓住戏剧冲突这一中心，多层次深入理解剧本的丰富意蕴，为排演打好基础。

①剧情是如何展开的？发生了哪些戏剧冲突？其中哪些是主要的冲突？如何理解这些冲突？

②剧本中出现了哪些人物？他们的身份、处境、性格特点和心理活动是怎样的？彼此之间存在着怎样的关系？

③剧情发生的特定环境是怎样的？有什么样的社会历史背景？

---

① 原文1936年1月发表于天津《大公报·文艺》第80期，后被用作《雷雨》的序言。

（2）集体讨论，形成演出本。演出本又叫"台本"，是经过处理、补充适当内容后作为演出依据的剧本。补充细节时要特别注意那些意蕴丰富、充分表现人物性格和内心活动的关键台词或关键动作，悉心体会戏剧情境和人物性格，揣摩最合适的语气、语调，设计最适宜的表演方式。例如，《雷雨》中"你是萍，——凭，——凭什么打我的儿子"和"我是你的——你打的这个人的妈"这两句台词，蕴含着强烈而又复杂的情绪，要考虑怎样说才最合适。原剧本对于舞台布置、服装设计、灯光安排等方面，往往并没有详细的规定，也需要在演出本中加以补充。通过全班讨论，仔细推敲，初步形成演出本。

（3）进行排演，准备演出。进入排演阶段后，投入剧情，化身为剧中人物，也许就会发现许多在阅读剧本时没有发现或没有充分考虑的问题。例如，按照剧情，哈姆莱特登台念"生存还是毁灭"这段台词时，奥菲利娅一直待在舞台上装作正在读书。这段台词很长，要考虑当哈姆莱特独白的时候，奥菲利娅究竟应该如何表演，才能最恰当地表现出两人之间的微妙关系。诸如此类看似细枝末节、对实际演出却十分重要的问题，往往只有通过反复排演才能找到最适宜的处理方式。在排演过程中，要特别注意表现人物之间的互动，借此"演"出人物的性格和相互关系。一场戏中，有时候登场人物比较少，只有一两个人（比如《雷雨》中周朴园与鲁侍萍相认），有时候登场人物众多（比如《雷雨》中周朴园等与鲁大海对峙，《哈姆莱特》中国王与王后、群臣对话），无论是哪种情况，都要注意理解这些登场人物之间的关系，让他们始终处在互动之中，从而让戏"活"起来。

（4）正式演出，评议总结。正式演出后，全班同学进行评议，请担任导演、演员的同学谈自己的心得体会。评议总结之后，每名同学写一篇不少于800字的作文，可以说说对所排演的剧本的理解，也可以记录自己的观剧心得，还可以分析剧中的人物形象。[①]

学习项目1—3是完成学习项目4的基础，在推进学习项目4的过程中，可以建议学生撰写策划书、排练手记、演出反思、观剧心得等，将过程性写作和评论性写作有机融入活动过程。

5.戏剧评论

选择教科书中的剧本或者其他喜欢的剧本撰写戏剧评论，建议采用文艺评论或研究论文的方式，借助评论将阅读或观看感受转化为理性的认识与思考。

学习项目1—5按照时间进程顺次展开，从具体语言、形象入手，进入戏剧的内涵、思想；从剧本的文字解读入手进入对剧本表演性特点的体验，从感性的体验入手深化至理性的认知。"文学阅读与写作"的终极目标是提升审美鉴赏能力和表达交流能力，这两种能力的发展不能架空，要通过阶段性的学习项目逐渐达到目标要求。

本章第一节提倡基于体验式学习活动链设计学习项目，这类学习项目之

---

① 温儒敏主编《普通高中教科书 语文 必修 下册》，人民教育出版社2020年第1版，第43~44页。

间也体现出阶段化分解的特点，对应"亲历—反思—抽象—检验—交流—重构"等认知发展阶段的各个学习项目，前者均为后者的学习基础，需要按时间进程顺次展开。

（二）多角度发散

有些学习任务群的目标达成需要围绕一个中心选择多个角度设计学习项目，帮助学生在多角度发散的学习项目中观察现象、归纳梳理、总结规律，提高综合与分析能力，自觉追求理性认识。典型的学习任务群如"跨文化专题研讨"，《普通高中语文课程标准》（2017 年版 2020 年修订）规定的学习目标与内容如下。

（1）研讨不同时期、不同国家与民族的文学、文化经典作品，增进对人类文明史上多样文化并进的事实及全球化背景下文化多样性的理解。

（2）选读一本外国文学理论名著，了解世界文学批评中某一流派的基本主张和文学解读方法；或者选读一本研究中外文学或文化比较的著作，尝试运用其中的观点研读以前读过的作品。

（3）借助已有的阅读经验，选择合适的内容进行跨文化专题研究，在中外文化的比较中，深化对中华优秀传统文化的理解，增强对中国特色社会主义文化的自信。①

"跨文化专题研讨"设置 2 学分，36 课时。"建议设置 4—6 个专题，每个专题 6—9 课时"②。对照《普通高中语文课程标准》（2017 年版 2020 年修订）的目标定位和课时分配要求，可以围绕"跨文化"选择不同的角度设计学习项目，示例如下。

---

① 中华人民共和国教育部《普通高中语文课程标准》（2017 年版 2020 年修订），人民教育出版社 2020 年第 2 版，第 30 页。
② 同上。

1.《宏观比较文学讲演录》读书会

　　"宏观比较文学"是对各民族文学、各区域文学乃至世界文学之间的差异性与相通性的研究，是一门描述和揭示各民族文学、区域文学，世界文学形成、发展规律的概括性、理论性、前沿性的课程。《宏观比较文学讲演录》以王向远老师的本科教学讲义为基础整理，内容分为三个层次：第一，在平行比较中提炼、概括有代表性的国别文学的民族特性；第二，在相互传播、相互影响的横向联系与历史交流中，弄清各国文学逐渐发展为"区域文学"的方式、途径与特征；第三，在了解民族文学特性、区域文学共性的基础上，把握全球化的"世界文学"的形成趋势。《宏观比较文学讲演录》的语言平易简约、个性鲜明，适合作为高中生选修阶段的学习资源，但未必要以建构"宏观比较文学"的概念框架为目的，也不要求学生完整阅读。指向"跨文化专题研讨"的学习目标，选择本书的第三讲到第十四讲作为阅读材料，目录如下。

　　第三讲　中国文学的文化特性

　　第四讲　中国文学的审美特性

　　第五讲　印度文学的特性

　　第六讲　犹太－希伯来文学的特性

　　第七讲　阿拉伯文学的特性

　　第八讲　伊朗（波斯）文学的特性

　　第九讲　日本文学的特性

　　第十讲　英国文学的特性

　　第十一讲　法国文学的特性

　　第十二讲　德国文学的特性

　　第十三讲　俄国文学的特性

第十四讲　美国文学的特性①

　　其中第三讲至第四讲要求必读，第五讲至第十四讲，要求学生选择自己相对熟悉的国别阅读其中一讲，通过比较更为深入地理解第三讲至第四讲的观点。读书会要求学生分享一张思维导图一个例证：对比中国文学和其他国家文学的特性，提炼要点绘制思维导图；朗读书中提到的作品，分享作者的阐释过程。学生大多选读第九讲和第十讲，认为作者对日本文学情感表征的概括极为精准地描述了他们阅读日本文学的直观体验；"帝国叙事是英国文学的首要特性"②这部分列举的《鲁滨孙漂流记》《大卫·科波菲尔》《简·爱》《远大前程》等作品为学生所熟悉，"帝国叙事"的概念，帮助他们拓展了理解作品的视角。此外，很多学生表示从宏观比较文学看中国文学的文化特性和审美特性，让他们感受到"跨文化"意义的同时，发现了语文学习更为广阔的内容领域。

　　2. 中外文学理论分享会

　　请在（1）—（4）和（5）—（8）的概念中选择一个，检索资料，完成名词解释和举例分析。

　　（1）兴观群怨

　　（2）言不尽意，得意忘言

① 王向远《宏观比较文学讲演录》，广西师范大学出版社2008年第1版，目录。
② 王向远《宏观比较文学讲演录》，广西师范大学出版社2008年第1版，第125页。

（3）性灵说

（4）特犯不犯，同而不同处有辨

（5）现实主义及典型

（6）扁平人物与圆形人物

（7）冰山理论

（8）美丑对照原则

（1）—（4）是中国古典文论的代表性理论，（5）—（8）是外国文论的代表性理论，学生在检索的过程中关注到这些概念的提出背景、思想内涵、对文学创作与评论的影响，通过对比，发现中西方文论从创作目的到方法的差异，触发他们从文化比较的角度展开思考。需要说明的是，上述概念在高中语文学习中均能找到具体作品作为例证，能够帮助学生建立理论与作品的联系。

3. 中外作家作品对比阅读

请在下面的话题中选择一个，重读文本，检索资料，撰写对比阅读心得笔记。

（1）《促织》与《变形记》

（2）《红楼梦》与《源氏物语》

（3）子君与娜拉

（4）汤显祖与莎士比亚

（5）《故都的秋》——中国传统与日本情趣

（1）—（4）组对比涉及作品、作品中的人物、具有代表意义的作家，对比阅读的目的在于"找不同"，《促织》与《变形记》都有"变形"的情节，可以在哪些方面对比差异？《红楼梦》与《源氏物语》的比较研究有很多"重量级"的成果，这些成果涉及哪些角度？子君形象是不是娜拉的"影响性再现"？检索"汤显祖与莎士比亚"，学生能够找到《汤显祖与莎士比亚》这本书，目录即能呈现比较视角。《故都的秋》既有我国传统的悲秋色彩，又带有日本文学"物哀""幽玄"的审美特点，是否与作者在日本的生活经历有关？检索的过程，是学生认识跨文化专题研究的过程，也是学生学习跨文化专题研究基本思想方法的过程。

上面三个学习项目，分别涉及跨文化研究、跨文化文学理论对比、跨文化文学作品研读，除了这三个角度，"跨文化专题研讨"还可以拓展到很多其他的方面，比如中日文学共同的审美趣味，鲁迅小说在外国的传播，安徒生童话的中英译本对比，等等。三个学习项目中列举的学习主题，同样可以拓展到其他的角度，选择更为丰富的研究视角和内容。教师可以根据自己的研究专长和学生熟悉或感兴趣的作家作品选择多个研究主题，在研究的深度和广度上，建议"大题小做""深题浅做"，专题学习的主要目的在于"引导学生思考丰富多样的人类文化，汲取人类思想精华，培养开放的文化心态，发展批判性思维，增强文化理解力"[①]。

（三）螺旋式上升

有些学习任务群的目标指向集中，但涉及的能力发展目标需要比较长时间的学习历程才能达成，例如"思辨性阅读与表达"，旨在"引导学生学习思辨性阅读和表达，发展实证、推理、批判与发现的能力，增强思维的逻辑性和深刻性，认清事物的本质，辨别是非、善恶、美丑，提高理性思维

---

① 中华人民共和国教育部《普通高中语文课程标准》（2017年版2020年修订），人民教育出版社2020年第2版，第30页。

水平"①，必修阶段设置 1.5 学分，27 课时，教学要"以专题性学习为主要方式。选择日常生活和学习中、历史或当今社会中学生共同关心的话题，要求学生通过阅读与鉴赏、表达与交流、梳理与探究等语文学习活动，阅读古今中外典型的思辨性文本，学习并梳理论证方法，学习用口头与书面语言阐述和论证自己的观点，驳斥错误的观点"②。学习目标和教学提示的要求均体现出长时间、统整性学习的特点，学生思维能力的发展不能采用逐个思维能力分别训练的方法，不能依靠讲授思维方法的相关知识，而是要帮助学生面对真实情境分析阐释问题，不断发现自身思维方法的局限，找到提高思维品质的具体办法，在阅读他人作品的过程中探究思维方法和论证逻辑，学习作者评说的立场、观点和方法，对比参照，拓展思考问题的角度，优化分析问题的方法，不断积累经验，逐步提高思考水平和思维品质。每个学习项目的设置都要围绕上述目标与教学要求进行，但每个学习项目的水平要求都要在前一个项目的基础上有所提升，即在重复出现的思维活动中实现思维能力的螺旋式上升。

部编版《普通高中教科书 语文 必修 下册》第五单元和第八单元均属于"思辨性阅读与表达"。第五单元编入两组四篇课文，第一组为马克思的《在〈人民报〉创刊纪念会上的演说》和恩格斯的《在马克思墓前的讲话》，第二组为李斯的《谏逐客书》和林觉民的《与妻书》。第八单元也编入两组四篇课文，第一组为魏征的《谏太宗十思疏》和王安石的《答司马谏议书》，第二组为杜牧的《阿房宫赋》和苏洵的《六国论》。这两个单元的教学任务均需要关注作者的使命感、担当意识，关注作者分析说理的思路与思维特点，关注不同课文在语言运用上的精妙之处。针对这些侧重强调思想方法的学习资源，螺旋式上升的学习项目更有助于促进学生思维

---

① 中华人民共和国教育部《普通高中语文课程标准》（2017 年版 2020 年修订），人民教育出版社 2020 年第 2 版，第 18~19 页。

② 中华人民共和国教育部《普通高中语文课程标准》（2017 年版 2020 年修订），人民教育出版社 2020 年第 2 版，第 19 页。

能力的发展，设计示例如下。

1.阅读《在〈人民报〉创刊纪念会上的演说》和《在马克思墓前的讲话》，用思维导图的形式呈现课文结构，从演讲的目的、场合、对象三个角度分析其结构安排的合理性，选择一种你认为用得最恰当的论证方法分析其表达效果。

2.阅读《谏逐客书》和《与妻书》，列出结构提纲，从作者的立足点和切入点两个角度分析其结构的合理性，列表呈现文中使用的论证方法及其表达效果。

3.比较阅读第五单元的四篇课文，梳理表达和阐发观点的基本要求。

4.阅读《谏太宗十思疏》和《答司马谏议书》，与《谏逐客书》进行对比，从立论和反驳两个角度分析三篇课文论据使用的合理性，列表呈现文中使用的论证方法及其表达效果。

5.阅读《阿房宫赋》和《六国论》，列出结构提纲，分析其论证方法使用的合理性。

6.回顾学习项目1—5梳理出的论证方法，制作"论证方法"分类表，呈现方法名称、表达效果，课文应用示例及其他应用示例。

7.重读第五单元和第八单元的八篇课文，补充学习项目3梳理表达和阐发观点的基本要求，以"表达和阐发观点"为中心词，从立论、语言、论据、逻辑四个方面绘制思维导图。

8.重读第五单元和第八单元的八篇课文，以《跟着_____学说理》为题写一篇学习总结。

9. 选择一篇以前写的议论文，将"表达和阐发观点"思维导图作为评价标准，确定修改方向并完成修改。

10. 选择一个社会上共同关注的议题，收集资料，形成观点，列出写作提纲，完成写作任务，再次对照"表达和阐发观点"思维导图修改完善。

学习项目 1—10 共同关注说理结构与论证方法，每个项目都对应着说理结构的整体框架和论证方法的多种表现，学习过程不是知识点的"累加"，而是学习要求的不断"叠加"，帮助学生逐渐从梳理到分类，借助自己整理的知识结构对照反思，丰富自己说理的原始经验，在学习过程中建构、生成、优化、提升。上述学习项目力求体现三个特点：一是思维可视化，多次运用思维导图、结构提纲，帮助学生清晰地认识到他人的思维过程与论证方法；二是沉淀学习成果，要求学生自己完成知识结构图、论证提纲，自己制订标准并对照反思；三是典型样例引领，帮助学生在充分理解和分析课文的基础上，认识自己在阅读和表达中存在的实际问题，引导学生反思自己的思维过程和思维方法，避免机械的知识讲授和能力训练。

需要说明的是，在上述学习项目的推进过程中，教师一定要关注课文的人文主题，关注不同作者对抱负、使命、责任的理解，关注课文站位的高远与立意的宏大，思辨思维的发展与人文精神的丰富必须统一推进，没有深刻的思考，就无法呈现高水平的思辨能力。期间还必然涉及语言的鉴赏与品味，对不同语言风格的体验与感受。"思辨"是学习项目的主线，但不是唯一的学习目标，"多方面、多层次目标发展的综合效应"始终是学习任务群的设计依据、基本理念与教学要求。

二、学习项目的实现路径

学习项目大多需要较长时间完成，不可能在课堂教学时间内完成若干学习项目，课外学习项目的推进过程如何提供教师指导？如何组织学生交流学习心得与收获？混合式学习是可以尝试的解决路径。

学习科学领域的研究者"在多种多样的情境中，从不同的学科视角，多层面、全方位地研究如何支持和促进人在整个生命历程中的学习活动，不仅包括学校课堂中的正规学习，也包括在家中和同伴之间发生的非正规学习"①。在这个意义上说，广义的混合式学习可以"混合"一切学习形态与组织形式，为了讨论方便，采用狭义的混合式学习定义，"所谓 Blending Learning，就是要把传统学习方式的优势和 E-Learning（即数字化或网络化学习）的优势结合起来；也就是说，既要发挥教师引导、启发、监控教学过程的主导作用，又要充分体现学生作为学习过程主体的主动性、积极性与创造性"②。混合式学习是学习方法、学习媒体、学习内容、学习模式、学习支持策略、学习环境等多种因素的组合。各种教学方法都是在调动各种感性知觉来掌握知识，使知觉特别富有成效，方法多样可以保证记忆方式不同和思维活动性质不同的学生积极感知，找到适合自己掌握知识的方法，"只有教学方法的多样化，才能有规律地保证具有不同的知觉、思维、记忆、注意特点，以及不同的活动速度的学生能够顺利地进行学习,才能保证教学教育的整套综合任务得以顺利解决"③。混合式学习有机整合了各种学习方式，使之达到优化教学过程的目的。

"混合式学习"不仅整合了各种学习方式，还有机融合了多种学习理论：行为主义学习理论强调的学习中的刺激与反应，学生在教师设置的学

---

① 刘儒德主编《学习心理学》，高等教育出版社 2010 年第 1 版，第 13 页。

② 何克抗《从 Blending Learning 看教育技术理论的新发展》，《国家教育行政学院学报》，2005 年第 9 期。

③ ［苏］巴班斯基著，吴文侃等译《论教学过程最优化》，教育科学出版社 2001 年第 2 版，第 9 页。

习环境中，学习行为和心理受到教师的关注、影响和塑造；认知主义学习理论强调的外部刺激与内部心理的互动、生成；建构主义学习理论强调的以学习者为中心，教学指向学生知识体系和原有经验的重组重构。

"伯尔辛认为，混合学习的设计过程主要包含四个基本环节：一是识别与定义学习需求；二是根据学习者的特征，制订学习计划和测量策略；三是根据实施混合式学习的设施（环境），选择学习内容；四是执行计划，跟踪过程并对结果进行测量。"[①] 伯尔辛的研究为教师设计混合式学习提供了基本的思路。

在混合式学习的发展过程中，学习者的负担已经成为学界开始关注的问题。应用混合学习模式的时候，如果整个教学大环境不改变、传统的人才培养模式不改变、评价体系不改变，混合学习模式在实践应用的过程中无疑会增加学习的负担。"为了能普及推广新的教学模式，我倾向于降低学生对书本知识掌握程度的要求，减轻学生记忆与背诵带来的压力，不要求面面俱到式的学习，而突出培养学生主动探究知识、解决实际问题的能力，强调建构个人的知识体系而不是统一的知识体系。"[②] 应用混合式学习模式设计学习任务群的教学，必须关注时间应用和学习场景的变化，努力在不增加师生负担的基础上实现《普通高中语文课程标准》（2017 年版 2020 年修订）倡导的教育教学理念，实现学习方法、学习内容与学习场景的合理融合，促进深度学习的发生，促进学生个性化学习特征的发展，更为重要的是确保长程的学习项目有高质量的推进过程。

下面以"整本书阅读与研讨"为例，说明利用混合式学习形态推进学习项目的主要环节。

"整本书阅读与研讨"贯串必修、选择性必修和选修三个阶段，但只在

① 曹传东、赵华新《2005—2014 年国际混合式学习的知识图谱研究——基于 CiteSpace 的计量分析》，《黑龙江高教研究》，2016 年第 5 期。

② 王竹立《如何看待混合学习模式下学生学习负担增加》，《现代教育技术》，2009 年第 5 期。

必修阶段设置 1 学分，18 课时，要求"在指定范围内选择阅读一部长篇小说""在指定范围内选择阅读一部学术著作"①，在选择性必修和选修阶段要运用必修阶段积累的经验阅读整本书，不专门安排学分。"整本书阅读与研讨"的 18 课时"可安排在两个学期，宜集中使用，便于学生静下心来，集中时间和精力，认真阅读一本书。学生在反复阅读过程中，每读一遍，重点解决一两个问题，有些地方应仔细推敲，有些地方可以略读或浏览。阅读要有笔记，记下自己思考、探索、研究的心得"②。按照《普通高中语文课程标准》（2017 年版 2020 年修订）的要求，每本书需要安排 9 课时的教学，可以按照学生的实际情况微调，教学提示明确规定："阅读整本书，应以学生利用课内外时间自主阅读、撰写笔记、交流讨论为主，不以教师的讲解代替或限制学生的阅读与思考。教师的主要任务是提出专题学习目标，组织学习活动，引导学生深入思考、讨论与交流。教师应以自己的阅读经验，平等地参与交流讨论，解答学生的疑惑。教师应善于发现学生阅读整本书的成功经验，及时组织交流与分享。应善于发现、保护和支持学生阅读中的独到见解。"③

借助混合式学习的组织形式，学习项目可以在网络平台呈现、实施、推进，学生更容易看到学习项目之间的关联，可以在自己方便的时间完成学习项目，提交学习成果。学习时间的分布大致遵循"二八法则"，80% 的时间是学生利用课外时间阅读作品；20% 的时间是课堂教学，主要关注学生阅读策略的选择、阅读经验的积累、关键问题的研讨探究。学生的阅读行为主要发生在课外，师生的阅读交流和教师提供的阅读指导更多落实于课内。教师以学生自主阅读为基础，确定需要课堂学习讨论的专题与话题，解决学生自己难以解决的问题。具体实施过程如下。

---

① 中华人民共和国教育部《普通高中语文课程标准》（2017 年版 2020 年修订），人民教育出版社 2020 年第 2 版，第 11~12 页。

② 中华人民共和国教育部《普通高中语文课程标准》（2017 年版 2020 年修订），人民教育出版社 2020 年第 2 版，第 12 页。

③ 中华人民共和国教育部《普通高中语文课程标准》（2017 年版 2020 年修订），人民教育出版社 2020 年第 2 版，第 13 页。

（一）调查评估，基于阅读取向选择阅读内容

"调查评估"通过在线问卷调查的形式了解学生的阅读态度、阅读习惯、阅读策略、阅读内容的选择倾向等情况，全面评估学生的阅读取向，为学生选择阅读书目与学习内容提供参考。

阅读取向可以从阅读内容的选择，阅读姿态的呈现，以及对不同类型文本的适应能力三个方面展开讨论。就内容选择而言，"阅读取向指读者阅读的内在动机和意向。某种类型的阅读内容被个人接受、认同并构成其阅读主体和主流，内化成个人的阅读要求，就成为一个人的某种阅读取向"①。就阅读姿态而言，"从大纲的主导取向看，我们语文教学中的阅读取向，是养成学生'鉴赏者'的阅读姿态、阅读方式，而日本阅读教学中的阅读取向，则是养成学生'解读者'的阅读姿态、阅读方式。……'鉴赏者'的阅读姿态、阅读方式，是'将别人的东西当作自己的东西来感受'……'解读者'的阅读姿态、阅读方式，是'将别人的东西当作别人的东西去理解'"②。除了关注学生在内容、姿态方面已经形成的相对稳定的阅读取向，还要关注学生针对不同文本类型采用的不同阅读取向：阅读文学类文本，应侧重关注鉴赏过程与收获；阅读信息类文本，应侧重关注理性思维和分析方法，带有更明确的实用性目的。阅读内容的组织方式不同，阅读取向也应随之不同，"两者阅读的价值取向完全不同：连续性文本，课程内容主要是理解与运用……非连续性文本，阅读主要体现为获取信息、处理信息、评价信息的能力"③。学生能否根据不同类型的文本选择、调整阅读取向是问卷调查的关注重点。

具体的操作办法是在网络平台上发布调查问卷，学生完成问卷后自

---

① 姜志静《大学生消遣性阅读取向刍议》，《广西高教研究》，2002 年第 2 期。

② 王荣生《中日语文教学中的阅读取向比较及讨论》，《语文建设》，2002 年第 10 期。

③ 曾扬明《"非连续性文本"，阅读教学的另一扇窗》，《江苏教育》（小学教学版），2012 年第 6 期。

动生成各维度的分数，根据学生在不同维度的表现分析学生的阅读取向，在《普通高中语文课程标准》（2017 年版 2020 年修订）推荐的书目范围内为学生提供有助于发展与完善其阅读取向的书目清单。调查问卷对学生有针对性地选择阅读内容，调整、完善原有阅读行为和习惯能够起到评估与促进发展的作用。

（二）自读打卡，独立完成整本书的通读任务

"打卡"是网络平台提供的督促学生自读的工具，能够帮助学生制订合理的阅读规划、稳步推进阅读进程、实现自我监督调控。以阅读《乡土中国》为例，合宜的阅读速度是每分钟 500 字，每天阅读 20 分钟。《乡土中国》全书实际字数不到 7 万字，建议学生在 7 天内读完。利用学习平台设置的打卡工具，学生完成当天的阅读任务后，打卡标识阅读进程，督促自己持续完成阅读任务，通过查看自己和同学的打卡记录，了解自己的阅读进度，根据情况调整阅读节奏，在平台上共读同一本书的学生可以实现跨区域的数据共享与比对。教师可以随时登录平台，整理本班学生的阅读数据，对比分析，及时提醒学生合理安排阅读时间，保持合宜的阅读速度。在学生独立阅读的阶段，关注阅读进度和质量的同时，建议教师采用"非正式"交流的方式，就学生正在阅读的内容提出 1—2 个话题分享心得体会，借助常态化的交流活动建设阅读共同体。

（三）中期检测，提高通读的质量

完成自主阅读之后，学生通读全书，大体了解了整本书的主要内容。利用平台提供的评估工具开展"中期检测"，意在帮助学生了解自己对书中事实性信息的把握情况，检测工具重点指向梳理作品的主要内容，而不是单纯地"复现"具体情节，测试目的在于帮助学生完善阅读过程，检视自己对整本书主体内容与架构的把握，而不只是评估阅读水平。学生在测试过程中可以随时停下来重读原典，关注自主阅读阶段没有关注到的内容。中期检测的题目设定重在突出全书的内容关联以及对整本书艺术架构的理解，检测工具示例如下。

（1）《巴黎圣母院》展现了两个世界：一个是封建统治阶级、教会僧侣的世界，表现为残暴、昏庸、堕落、伪善；一个是下层平民的世界，表现为善良、勇敢、友爱、正直。联系这两个世界的是主人公爱斯梅拉达的活动与命运。请以爱斯梅拉达为中心，以格雷勿方场和巴赫维方场为分支，整理《巴黎圣母院》的人物关系图。

（2）《安娜·卡列尼娜》围绕安娜的社会关系，"组合"不同人物，呈现不同的人生追求或文化状态，请分别讨论安娜和渥伦斯基、安娜和卡列宁、列文和吉提、布朗斯基和多丽四组人物呈现的生活追求或文化形态。

（3）《平凡的世界》中孙家、田家、金家分别代表不同的社会阶层，三个家族的人物命运走向共同揭示出社会变迁的特点及其对人们的影响。请以三个家族为主体，展开对上述问题的讨论。

检测题（1）侧重完整呈现人物信息，检测题（2）侧重整理人物关系，两个题目均指向作品的整体艺术架构——《巴黎圣母院》由表层结构和深层结构生成的人物圆心结构；《安娜·卡列尼娜》的双线艺术布局和网状的艺术构思[1]。检测题（3）从人物形象设置的整体构思入手，引导学生通过人物理解小说的主题。

（四）在线学习，完成若干相互关联的学习项目

阅读是个体行为，读什么和怎么读都具有鲜明的个性化特征；阅读教学是社会行为，教什么和怎么教需要确切的内容与策略。怎样才能帮助学

---

① 郭英德《佳园结构类天成——〈红楼梦〉网状艺术构思的特征》，《红楼梦学刊》，1991年第4期。

生找到合理的阅读门径，养成良好的阅读习惯，自觉梳理、积累个性化的阅读经验？基于混合式学习的"整本书阅读与研讨"以在线提供学习项目和学习工具为实现的基本路径。

在线学习需要完成三个环节：根据自己的需求选择课程，完成课程学习，提交学习成果。在线学习资源由教师提供，学生自主选择适合自己的学习内容、时间、空间，随时能够得到具体的帮助与有效的指导。在线学习项目的设计突出体现为以下四个特点。

1.分层设置典型学习内容

整本书阅读的指导内容不可能面面俱到，需要选择在高中阶段阅读某类书籍，这是学生最迫切需要的典型学习内容。学生的阅读水平千差万别，为满足不同的学习需求，针对同一学习内容，需要提供不同水平层级的学习任务，下面以《红岩》为例列表说明典型学习任务的分层设计。

表2-6　《红岩》分级学习任务设计 ①

内容主题	分级任务	学习活动
①建立阅读基础	水平1：把握关键信息	我的阅读痕迹
	水平2：构建阅读索引	我的《红岩》目录
	水平3：理清人物关系	《红岩》人物关系图
②挖掘形象内涵	水平1：梳理人物经历	撰写人物小传
	水平2：关注重点细节	完成形象标签
	水平3：补充解读理论	探寻人物的"形状"
③关注群像艺术	水平1：建立群像的概念	"群众"何以成为"群像"
	水平2：讨论群像中的个性	寻找"小人物"的亮点
	水平3：探究人物设置的妙处	人物拼图及设计意图
④探索叙事技巧	水平1：宏大的叙事结构	我为《红岩》列"提纲"
	水平2：紧张的情节安排	巧设"驳口"
	水平3：巧妙的伏笔照应	寻找"草蛇灰线"

① 列表内容引自"云舒写教育科技有限公司"整本书阅读混合式学习平台。

内容主题	分级任务	学习活动
⑤研讨文化现象	水平 1：对比阅读：本事改写	分析"英雄成分"
	水平 2：跨界思考：时代改造	我为英雄"加段戏"
	水平 3：拓展阅读：资源链接	设计"红岩"主题书单

表中"内容主题"①—⑤是高中生阅读《红岩》需要重点关注的问题，全面覆盖阅读"红色经典"的学习目标。"分级任务"分为水平 1—水平 3 三个水平层级，以"内容主题"中"②挖掘形象内涵"为例，水平 1"梳理人物经历"只需要筛选、整合作品中的事实性信息，对人物形成相对完整的认识；水平 2"关注重点细节"需要从"概念化"的形象分析走向具体的内涵阐释，即有理有据地分析人物形象的内涵；水平 3"补充解读理论"是从文学理论的角度挖掘形象，帮助学生将感性的判断发展为理性的分析，学习活动的难度与分级任务对应。学生需要在五个"内容主题"中各选择一个分级任务，五个学习任务共同完成对《红岩》的阅读要求。

2. 促进学生主动建构知识体系

不同层级的任务涉及不同类型的语文知识，分级并不是单纯的水平分级，水平 1—水平 3 之间存在难度上的差异，更大的差异在于具体的语文知识。明确了这一点，学生就会更加关注"我的需求"，而不是"我的水平"。分级任务的表述显现出知识要点，便于学生根据原有的经验基础和知识背景做出合理的选择。相对全面的"内容主题"能够让学生接触到丰富的阅读策略、文学理论、分析方法，进而自主选择不同层级的任务，完成不同类型的学习活动，这样的设计思路有助于学生整体掌握知识系统，主动建构自己需要的知识体系。

3. 充分利用互联网的技术优势

表 2-6 中 5 个内容主题的 15 项分级任务与学习活动，均以网络课程的形式呈现，每节课程 8 分钟，包括内容阐释、活动说明，以及完成活动的

流程要求与成果标准。学生借助网络课程，学习基本的阅读策略，积累个性化的阅读经验，完成阶段阅读成果并上传。教师在线点评学生作品，筛选出共同或关键问题组织学生线上交流，在学生完成所有学习任务后利用网络提供的"制式模板"撰写学习成果分析报告，描述学生取得的进步以及未来发展的生长点。

15节8分钟的课程是"半结构化的"，通过学生的个性选择和主动建构实现课程的"结构化"，线上学习提供了优质的学习资源和确切的数据支持，形成了有别于传统课程的沟通方式。学生根据自己的需要选择学习内容，根据自己的时间安排学习进度，学习时间、空间的自由度高，有助于解决教师指导和学生自主阅读的课时矛盾。网络能够记录学习的全过程，提供分析学习成果和评估学业水平的依据，辅助教师提供更有针对性的指导，为学生稳定、持续的发展保驾护航。

4. 引领学生自觉发展学习风格

"学习风格是学习者持续一贯的带有个性特征的学习方式和学习倾向。学习方式是指学习者为完成学习任务而采用的策略、方法或步骤，而学习倾向则是指学习者对学习活动的情绪、态度、动机、坚持性以及对学习环境、学习内容的不同偏爱。"[1]新一轮基础教育改革强调"优质均衡"和"发展个性"，"发展个性"在教学上主要表现为尊重并促进学生学习风格的形成与发展。混合式学习的空间属于技术增强的学习空间，"既是用于学习的物理空间与虚拟空间的有机耦合，又是包含了学习活动中各参与者心理作用的心理空间，还是由各种学习活动和事件构成的社会空间"[2]。多种空间的融合，凸显了学习活动的重要地位，强化了学习方案的选择性，改变了传统教学中的教师作用和师生关系，学生的主动性、积极性和创造性得到更

---

[1] 谭顶良《论学习风格及其研究价值》,《南京师大学报》(社会科学版), 1994年第3期。

[2] 许亚锋、塔卫刚、张际平《技术增强的学习空间的特征与要素分析》,《现代远距离教育》, 2015年第2期。

为充分的发挥。线上学习规避了课堂教学"线性推进"的弊端，学生可以随时"走回头路"，通过多次重复实现个性化的连续学习，学习过程中的心理状态更为舒适。借助混合式学习平台，学生为自己选择合宜的内容与方式，自主调整学习的进程，自由选择上传学习成果，自觉探索、发展个性化的学习风格。

（五）线下讨论，经由师生互动实现深度解读

学生自主完成了学习任务，并非意味着能够取得良好的学习效果。线下讨论可视为线上学习的深度反馈，在反馈过程中，教师帮助学生看到不同思维方式的特点，吸纳他人的优点，完善自己的思维方式；补充学生需要的语文知识，帮助学生总结阅读经验，建构个性化的阅读策略。线上线下融为一体，线上实现信息传递，线下完成互动生成，形成新的教学结构和师生关系。以学生的线上学习为基础，教师的课堂教学可以有以下选择。

1. 在线课程的细致解说

教师选择学生学习有困难，或者特别重要的在线课程组织学生在课堂上集体学习，以便加深认识。在线课程中有需要教师帮助阐释或拓展的内容，在学习流程和成果标准上有需要教师细化或者强化的要点，有必要选择部分课程重新学习。

2. 阶段成果的阐释分析

有些阶段成果集中反映学生阅读进程中存在的问题，如"我为《红岩》列'提纲'"，学生选择不同的视角，整理小说的情节、形象、主题，列出的提纲可能存在缺漏现象，说明学生尚未掌握阅读长篇小说的"内容重构"策略，教师需要分析阶段成果中出现的典型问题，丰富学生的阅读策略。

3. 关键问题的研讨交流

在讨论整本书阅读的关键问题时，学生会出现不同的观点，线上讨论更适合"呈现"，但不利于"生成"，教师整理学生线上讨论时提出的观点，聚焦观点背后的认知问题，组织学生开展课堂讨论，在讨论过程中为学生提供深入思考的思维工具和理论支持，能够有效地帮助学生在认知冲突产生和化解的过程中感受到自己的变化。

"关键问题的研讨交流"是线下课堂讨论的主要内容。比如"寻找'小人物'的亮点",学生能够按照学习项目的要求完成亮点的梳理、重读等工作，发现《红岩》善于设置"道具"塑造"小人物"的形象，强化人物标志性的言行，让小人物也能在作品中焕发光彩。但学生尚未关注"小人物"和"主角"的关系，还没有对整部作品的人物形象形成整体性的认识，为解决这一问题，组织的线下讨论内容如下。

（1）如果按照刻画人物的笔墨和人物在整本书中的作用，把《红岩》人物分为三个层级，你会怎样归并书中的人物？

（2）请按照你的整理，在人物后面补充标注人物突出的精神品质。

（3）重新梳理人物及其精神品质，你有哪些新的思考和发现？

通过对以上三个问题的追问，学生看到《红岩》塑造的英雄群像和个体，看到每个人物貌似个性化的行为表现、性格特征，都集中指向共产党员的精神品质，只是表现形式不同，由主次分明的人物形象共同创造的"共产党员"形象，更加真实更有力量。在此基础上，补充"典型人物"的概念：文学作品塑造的具有典型性的人物，旨在用这些形象反映特定社会生活状况的普遍性，刻画人物形象的同时展现时代风貌。

以上三个方面不能涵盖线下讨论的全部内容，但能够说明线上和线下学习相互促进的关系，体现混合式学习形态下"整本书阅读与研讨"的实施特点。

（六）成果展示，贯串整个学习进程的生成机制

基于混合式学习形态推进"整本书阅读与研讨"，各个学习项目的成果都可以在线展示、反馈、留存，成果展示贯串学生的整个阅读过程，教师根据学生上传的成果评估学生的阅读状态，参照数据分析以确定学生出现的问题，在指导过程中帮助学生解决。成果展示的过程也是学生分享成功经验和独到见解的过程，能够增加学生阅读的成就感。

采用 SOLO 认知水平分级的方法评定学生各个学习项目提交的成果，评价反馈一般包括三部分：明确学生当前学习成果所处的认知水平等级，提示学生未来可能到达的等级，提供认知水平升级的具体策略和学习要求。如此，学生借助评价明确自己的现有水平，在教师的帮助下积极探索发展提高的方向与办法。

三、学习项目推进过程中的课堂教学

"学习任务群的设计，旨在引领高中语文教学的改革，力求改变教师大量讲解分析的教学模式"[①]，高中语文课堂已经从逐篇课文的讲解分析发展到用学习项目的方式组织学生开展自主学习，课堂教学的内容与组织形式应随之发生变化。以学习项目为主体的高中语文教学，课堂教学的内容需要涉及以下三个方面。

（一）说明学习项目设置意图和具体要求

教师设计学习项目，或者师生协商设计学习项目，都需要教师详细阐释学习项目设置的意图及学习进程中的具体要求。这部分教学内容可以分为三个角度。

其一，从不同层次说明学习项目对学生语文学习、核心素养发展的价值和意义。学生认识到学习项目对自身的价值，会有更为强烈的学习动机，在遇到困难的时候会更有冲劲和韧性。比如，"文学阅读与写作"任务群的学习项目"人物小传"，不仅能够帮助学生细读文本，从人物重复出现的动

---

① 中华人民共和国教育部《普通高中语文课程标准》（2017 年版 2020 年修订），人民教育出版社 2020 年第 2 版，第 9 页。

作、语言，从人物之间的关系，从人物命运的转折点三个方面去分析人物形象，还能够帮助学生洞悉人物的心理与情感变化历程，文学作品中的人物常常是现实生活人物的"提取提炼"，深入走进文学作品中的人物，也能为自己观察和判断现实生活中的人积累经验。分析人物形象，撰写人物小传，不仅具有促进语文学习的意义，还具有指导未来发展的意义。

其二，从认知发展过程的角度详细分析完成学习项目需要的思想方法。教师要从怎样做事情，怎样开展学习的角度帮助学生认识思想方法的重要性，在学习实践中探索合理的思想方法，矫正自己的思维习惯，逐渐提升思维品质。比如阅读《红岩》的学习项目"'群众'何以成为'群像'"，其中包含的思想方法是从个体到群体，思考群体的象征意义。面对一部作品，我们先关注的常常是那些突出的个体形象，这些个体形象同时表现着某类人的特征，看到个性，还要努力看到个性中的共性，看到"这一个"所属的"这一群"，还要看到"这一个"在"这一群"中的特殊之处。有了这个思想方法做基础，学生阅读其他小说，也会按照这个思路展开分析，逐渐掌握从部分到整体再到部分的思想方法。

其三，具体讲解学习成果的过程性要求和终结性要求。学习项目涉及的每一项学习成果，都有完成的具体过程要求，师生要达成共识——高质量的学习过程更可能带来高质量的学习成果。布置学习项目之初，教师就要提供合理的学习过程，或者跟学生一起讨论出合理的学习过程，先做什么后做什么，用什么方法做，学生在开始学习之前就应该心中有数。教师还要根据学习成果的具体要求制订表现性评价标准，用标准引领学习进程，有了评价标准，学生更容易在学习过程中反思、分析，调整自己的学习行为和思考方式。

上述教学内容不仅要在学习项目开始前呈现，在学习进程中也需要跟进、关注，及时补充。

（二）推进过程中共性问题的归因与解决

学习项目启动后，学生会遇到形形色色的问题，个性化的问题个别讨论，共性问题需要利用课堂教学时间归因并解决。

比如分析我国古代散文的主题，学生容易出现空泛理解、无所依据、任意拓展的现象，主要原因是学生缺少因实出虚的知识背景，在学生看来，借景抒情、因事即理、托物言志都是具体的写作手法，没有建立起写作手法与主题表现的联系。古代散文写"实"的目的在于言"虚"，依托记叙、描写、说明，发表议论、抒发情感，解读文章主题"或因枝以振叶，或沿波而讨源"[①]，"枝"和"波"主要是指关键字的字义内涵和文章自身的结构章法。学生习惯找到手法，贴上标签，没有养成深入挖掘字义内涵、梳理结构章法来探究文章主题的思维习惯。对作品主题的生发大多依赖自己的阅读和写作经验，没有清晰的拓展路径。

如何解决呢？首先，要补充因实出虚的知识，提供依托字义内涵和结构章法开掘文本主题的样例。其次，要提供拓展主题理解的基本路径，比如借助文本外的资料，寻找资料大体遵循由此时到彼时、由此处到彼处、由此人到彼人的基本思路。弄清楚作者思想情感的发展历程，这种思想在作者人生中的体现，检索哪些人跟作者有过同样的经历与思考，沿着历时和共时两条线索搜集资料，建立联系，形成解释。沿着作者的思想情感，追问其形成缘由和典型意义，关注形成缘由需要检索个人经历和社会背景；探寻典型意义需要联系其他人、其他事，对比参照。最后，要帮助学生明确，拓展主题理解的基本思路是从个别到一般，关注"个别"的独特性与差异性，思考"一般"的共同性与普遍性，从个别上升为一般，再用一般指导我们认识个别，循环往复，循序渐进，实现认识的深化和认知水平的提高。

（三）学习进程中的知识梳理与经验总结

"文学阅读与写作"任务群的教学提示指出，"应结合作品的学习和写

---

① 陆机《文赋》，据陈振鹏、章培恒主编《古文鉴赏辞典》（新一版），上海辞书出版社 2014 年第 1 版，第 535 页。

作实践,由学生自主梳理探究,使所学的文学知识结构化"①,其他学习任务群虽然没有明确提出,但一样重视知识的结构化。学习项目的推进过程应该包含知识梳理与经验总结,逐渐实现文学知识和语文知识的结构化。

知识梳理和经验总结均可视为知识结构化的重要环节,涉及事实性、概念性、程序性和反思性四类知识,学生用相关知识提供的路径进行语言实践活动,完成学习项目的过程也是发现和应用知识的过程,学习项目的结束并不是学习的结束,教师要自觉引领学生在运用知识的过程中生成概念,理解内涵,探求知识本身的理论和应用价值,进而梳理知识结构,完成知识的类目化。不同的学习项目承载着不同的知识,这些知识在学习进程中无序出现,某个学习任务群或某几个学习任务群的学习项目,才能覆盖某个领域相对完整的知识结构,教师要利用课堂教学有意识地帮助学生建立知识点的关联,养成有序积累的习惯。

综上,学习任务群不仅改变了课程组织的形态,也改变了课堂教学组织的形态,有效推进学习项目的课堂教学体现出过程指导的完整性,知识结构的过程性,教学内容的生成性与灵活性,身处其中的教师和学生共同面临着挑战:教与学在动态情境中不断调整,需要不断提高自身能力以应对层出不穷的问题与变化。

<hr>

① 中华人民共和国教育部《普通高中语文课程标准》(2017年版2020年修订),人民教育出版社2020年第2版,第18页。

第五节　体现任务群间的"关联性""层次性和差异性"

　　《普通高中语文课程标准》（2017年版2020年修订）设置的18个学习任务群是高中语文课程内容的整体设计，"必修课程和选修课程均由若干学习任务群构成。不同学习任务群具体的学习内容有所区别，体现不同的学习要求；必修的学习任务群构成普通高中语文课程目标、内容的基本框架，体现高中阶段对每个学生基本、共同的语文素养要求；选修的学习任务群则是在此基础上的逐步延伸、拓展、提高和深化，以满足学生对不同发展方向、不同发展水平语文素养的追求"[①]"教学时要特别注意加强必修、选择性必修、选修三类课程之间的衔接和统整。既要整体把握必修和选修课程的关系，更要注意不同课程专属任务群和共同任务群的衔接"[②]"每个任务群的学习目标与内容，各自独立又彼此关联。评价时既要突出每个任务群的学习重点，又要兼顾任务群之间的联系，体现学习目标、内容与评价的一致性"[③]。根据《普通高中语文课程标准》（2017年版2020年修订）在设计依据、教学建议和实施建议部分对学习任务群相关要求的解释说明，在教学中需要处理好任务群之间的关联性、层次性和差异性，下面联系具体的教学实践展开讨论。

---

　　① 中华人民共和国教育部《普通高中语文课程标准》（2017年版2020年修订），人民教育出版社2020年第2版，第9页。

　　② 中华人民共和国教育部《普通高中语文课程标准》（2017年版2020年修订），人民教育出版社2020年第2版，第43页。

　　③ 中华人民共和国教育部《普通高中语文课程标准》（2017年版2020年修订），人民教育出版社2020年第2版，第45页。

一、设计纵贯式学习活动，体现学习任务群的关联性

古诗文阅读在高中语文课程中一直占有重要地位，《普通高中语文课程标准》（2017年版2020年修订）没有单独设置"古诗文阅读"的学习任务群，而是以附录的形式呈现了背诵推荐篇目，包括文言文32篇，诗词曲40首，相关教学要求分散出现在"语言积累、梳理与探究""整本书阅读与研讨""文学阅读与写作""思辨性阅读与表达""中华传统文化经典研习""汉字汉语专题研讨""中华传统文化专题研讨"7个学习任务群中。根据《普通高中语文课程标准》（2017年版2020年修订）的相关要求，古诗文教学需要统整上述7个学习任务群的"学习目标与内容"及"教学提示"，结合"学业质量水平"的描述，明确不同学习阶段语文学习活动中古诗文阅读的目标定位与教学要求。在教学安排上，古诗文需要融入上述7个学习任务群的教学过程中，做纵贯式的整体设计，学习任务群之间的关联性在古诗文教学上体现为学习内容的前后连贯。

（一）文本细读：寻找进入古诗文的路径

在"文学阅读与写作""思辨性阅读与表达"两个学习任务群的实施过程中，都会涉及古诗文篇目的阅读与鉴赏。古诗文阅读与鉴赏活动的设计需要体现阅读古诗文的一般方法和路径，即"语义—文意—物象—意象"。依托哪些具体方法深入走进文本？综合"文学阅读与写作""思辨性阅读与表达"两个学习任务群的目标定位，应重点落实三个方面：潜入文字、因声求气、知人论世。

"'舟自横'是什么形象？必须凭借'横'的客观词义来分析。'横'的本义是'门阑'。《说文·六上·木部》：'横，阑木也。'《十二上·门部》'關，以木横持门户也。'段玉裁在《门部》其他字下曾解释'關'字说：'關，横物'。'横'由'横向的挡门的门闩'，引申为'横竖'与'横逆'两义，由'横逆'引申为'迂曲''任意''不定向'等意思。'江水横流''才华横溢''横眉冷对千夫指'等'横'的意思都是'多向的''不定

向的'。'舟自横'的'横'字用的正是这个义项。船在渡口的湾里,自由自在地、方向不定地漂泊,完全是一种动态的景象。'横'的客观词义决定了舟的形象,也落实到诗意上。"① 准确理解字词的意思是学习古诗文的基础,理解要立足于文字学,经由文字进入文本的内里。这样才能借助"客观"的文字形成"主观"的体验,而不是浮在主观体验上自说自话。

因声求气是传统语文教育中重要的读书方法,刘大櫆在《论文偶记》中指出"我之神气,即古人之神气;古人之音节都在我喉吻间,合我喉吻者,便是与古人神气音节相似处,久之自然铿锵发金石声"。阅读《项脊轩志》,朗读"庭中始为篱,已为墙,凡再变矣"一句,读"再"的时候用虚声,用来衬托"矣",读"矣"的时候用拖音,像一声长长的叹息,由"篱"到"墙"表现了情感隔膜越来越大,作者对家道没落衰败的现实怨恨而又无奈,貌似客观的记述中抒发了深长的感叹。"吟诵,是中国旧诗传统中的一个特色。我以为,它是深入了解旧诗语言的一个很好的方法,因为它能够培养出在感发和联想中辨析精微的能力。当你用吟诵的调子来反复读这十九首诗的时候,你就会'涵泳其间',也就是说,你会像鱼游在水里一样,被它的那种情调气氛整个儿地包围起来,从而就会有更深的理解和体会。"② 汉语形音义三位一体,单音节、有声调,这些特点决定了声音的感觉先于意义的理解,因声求气的合理性即在于此。

深度阅读需要检索背景,获得具体的信息,即能够借助作者人生中的关键事件体悟其真实感受。"天生我材必有用,千金散尽还复来"中"必"字隐含着哪些信息?梳理作者的经历可以发现李白写诗时年近五十,"必有用",到了现在依然没被用,恐怕不再有被"用"的机会了。"必"字用得那么肯定,表现的却不是作者满怀的信心,而是不能接受现实而又无可奈何的悲凉。

---

① 王宁《语文教学与提高语言运用能力》,《中学语文教学》,2015 年第 8 期。
② 叶嘉莹《叶嘉莹说汉魏六朝诗》,中华书局 2018 年第 1 版,第 79 页。

汉语的特点决定了以上三个方面是阅读与鉴赏古诗文的基本路径，以此为基础不断积累阅读经验，拓展鉴赏角度，提高审美鉴赏与创造的能力。这一目标的达成分散在上述两个学习任务群的学习进程中，教师要在统整学习目标的基础上明确教学定位，有针对性地设计学习项目，让学生的古诗文阅读与鉴赏有具体的落脚点与真实的收获。

（二）文化传承：探寻古诗文的文化传统

"学生积累成语、典故，目的不在于死记硬背'四字格'，而是为了探讨成语形式上的压缩和意义的凝练是怎样形成的，感受汉语作为单音节语言独特的韵律。分析一个典故需要从典源、典面、典义和典用四个方面入手，这是在典故的运用中总结出来的。成语、典故来自古代典籍，但直到现代还在普遍应用，这就必然会使学生体会到传统文化和现代文化是紧密联系的，从而把文言文阅读和现代汉语联系在一起。成语、典故大多见于诗词韵文，这也会激发学生诵读的兴趣。所以，评价学生成语、典故学得好不好，不是只看他们谁背得多、背得熟，而是看学生锐敏的联想和深度的思考达到何种程度。有了这些联想和思考，成语、典故自然也会掌握得更多，运用得更巧妙、更得体。"①

学习成语、典故如此，学习古诗文也如此。学生需要从古诗文的语言形式中探寻汉字汉语的发展规律，中华优秀传统文化的思想理念，体验中华传统审美品位。这一目标主要依托"语言积累、梳理与探究"任务群完成，例如下面的学习项目设计。

1. 梳理下面句子中"解"的义项，用结构图的形式呈现"解"字意义引申的过程。

---

① 王宁、巢宗祺《普通高中语文课程标准（2017年版）解读》，高等教育出版社2018年第1版，第116页。

（1）庖丁为文惠君解牛，手之所触，肩之所倚，足之所履，膝之所踦，砉然向然，奏刀騞然，莫不中音。（《庄子·养生主》）

（2）元丰六年十月十二日夜，解衣欲睡，月色入户，欣然起行。（苏轼《记承天寺夜游》）

（3）解佩纕以结言兮，吾令謇修以为理。（屈原《离骚》）

（4）何以解忧？唯有杜康。（曹操《短歌行》）

（5）今有一言，可以解燕国之患，而报将军之仇者，何如？（刘向《战国策·燕策三》）

（6）遥怜小儿女，未解忆长安。（杜甫《月夜》）

（7）惑而不从师，其为惑也，终不解矣。（韩愈《师说》）

（8）笙歌未散尊前在，池面冰初解。[李煜《虞美人》（风回小院庭芜绿）]

"解"字在（1）—（8）句中的意思分别为：（1）剖开，（2）（3）解开，（4）（5）免除，（6）（7）懂得、晓悟，（8）散开。在"文学阅读与写作"任务群的学习中读到《离骚》"虽体解吾犹未变兮，岂余心之可惩"，可以联系（1）—（8）句，集中呈现学生熟悉的句子并要求他们将词义分类，用思维导图梳理词义的关联，弄清楚词义引申的过程。"解"的本义包含动作"剖"和动作后的结果"开"以及动作的对象"牛"，"解"字的词义引申沿着两种途径展开：一种是"解"的对象逐步泛化，从"牛"逐渐发展至其他"有结"的事物，逐渐虚指，引申出"解除""解释"的义项，动作继续虚化，只强调动作的结果，引申出"懂得、晓悟"等义项；一种是动作"剖"和对象"牛"同时消解泛化，只留动作的结果"开"，引申为结果动词"散开""离散"等。

类似的学习项目在语文学习中应该随机出现，联系具体的学习内容，帮助学生将散乱、无序出现的语言现象和语言材料整理归纳，使之成为有序思考、建立联结的过程，最终形成对汉字汉语使用规律的认识。

2.重读下面的古诗词，检索其他同主题的古诗词，以《古诗词中的家国情怀》为题作文。

（1）杜牧《泊秦淮》

（2）陆游《示儿》《十一月四日风雨大作》

（3）岳飞《满江红》（怒发冲冠）

（4）杜甫《春望》

（5）李贺《雁门太守行》

"文学阅读与写作"要求学生"根据需要，可选用杂感、随笔、评论、研究论文等方式，写出自己的阅读感受和见解，与他人分享，积累、丰富、提升文学鉴赏经验"[①]，"中华传统文化专题研讨"要求学生"把自己的探究发现用论文形式呈现出来"[②]，学习部编版《普通高中教科书 语文 必修 下册》的《桂枝香·金陵怀古》，可以布置上述评论性写作的学习项目，与"语言积累、梳理与探究"整合，引领学生在归纳整理的基础上形成并表达自己的观点。

3.重读《念奴娇·过洞庭》，完成两项学习任务。

（1）还原诗人的写作情境，解读诗意诗情。

[①] 中华人民共和国教育部《普通高中语文课程标准》（2017年版2020年修订），人民教育出版社2020年第2版，第18页。

[②] 中华人民共和国教育部《普通高中语文课程标准》（2017年版2020年修订），人民教育出版社2020年第2版，第28页。

（2）概括诗歌意象选择与情感表达方式的特点，回顾你读过的古诗词，选出与《念奴娇·过洞庭》具有同样特点的诗句，以《_____古诗词意象的审美特征》为题作文。

古诗文阅读中的表达与交流，学生应该能够还原、描述诗歌的创作情境，展开想象，描绘诗歌营造的意境，借此了解中国传统的审美情趣；应该能够解释诗人情感产生的原因，在不同的情感之间建立联系，对比分析，感受情感的细微变化。学习任务（1）要求学生陈述诗人可能的经历，描绘诗人眼前的景致，进而解释诗人情感产生的缘由，分析诗人情感发展变化的过程，还原写作情境的过程自然成为品味诗意、理解诗情的过程。学习任务（2）要求学生归纳诗歌的创作方法，分析古诗独特的情感表达方式。古诗词意象选择的特点反映着中华传统文化独特的审美体验与审美情趣，促发学生对文化传统的思考、追问。

（三）专题学习：探索发展脉络和语言规律

进入选择性必修和选修阶段，"中华传统文化经典研习""汉字汉语专题研讨""中华传统文化专题研讨"三个学习任务群中的古诗文阅读，建议以专题学习为主要形式，专题设置的思路列举如下。

1.建构文学史发展的脉络

《普通高中语文课程标准》（2017年版2020年修订）推荐的72篇古诗文，基本上呈现了我国古代文学发展变化的过程。合理安排72篇古诗文的学习顺序，通过研读不同历史时期的文学作品帮助学生勾勒文学史发展的脉络，借助阅读体验建构知识体系，了解文体演变的原因，进而落实"中华传统文化经典研习"的学习目标"以客观、科学、礼敬的态度，认识作品对中国文化发展的贡献"①，如图 2-8 所示。

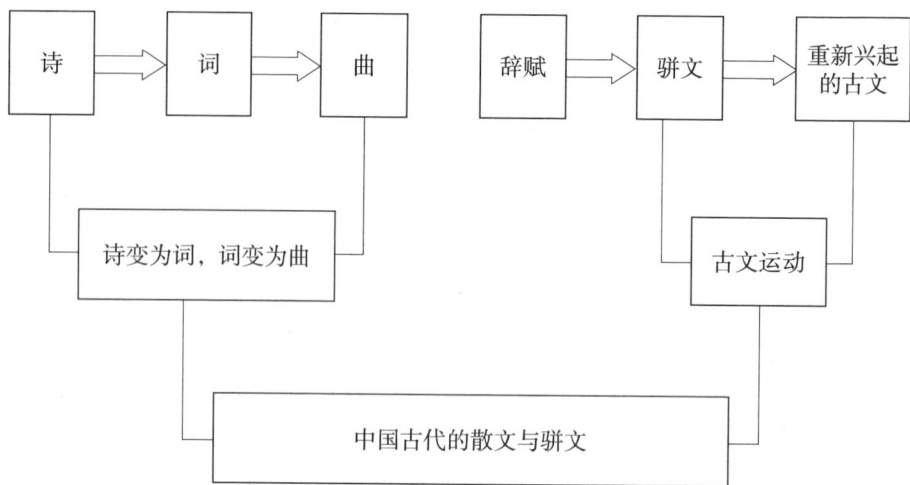

图 2-8　中国古代文体演变 ②

根据文体演变的过程安排古诗文的学习顺序，可以设置两个学习主题：诗词曲的演变历程、古文运动的背景与主张，帮助学生了解中国文学从骈文到散文的发展历程。

2. 探究不同文体的审美特征

我国古代文体丰富，不同的文体有不同的功能和审美特征。"简单地说，距离音乐文学、民间文学越近，越需要使用地道的大白话，语言要平易自然，如果再能放达或风趣更好；雅化时间越长的，越要求典雅精致，就要用典故、讲对仗、调声律，要文绉绉才好；用律句或齐言的，讲究的是唯美、庄重；有拗句或杂言的，就要雄健、活泼。"③高中生鉴赏古诗文，习惯无意识地使用"概念标签"，什么样的文体都可能被贴上"清新自然"，谁的作品都可能用上"雄健豪迈"。关注 72 篇古诗文不同文体的功能和审美特征，立

---

① 中华人民共和国教育部《普通高中语文课程标准》(2017 年版 2020 年修订)，人民教育出版社 2020 年第 2 版，第 21 页。

② 吴欣歆《核心素养背景下的古诗文教学》，《中学语文教学》，2018 年第 10 期。

③ 张一男《古诗文鉴赏者的穿越指南》，《中国教师报》，2018 年 3 月 28 日。

足真实的阅读体验帮助学生建构概念，形成正确的认识，有利于打破"模式化理解"的局面，走出"概念化解读"的误区。这一点在"中华传统文化经典研习"中有明确的要求："选择中国文化史上不同时期、不同类型的一些代表性作品进行精读，体会其精神内涵、审美追求和文化价值。"①

梳理与探究古诗文文体的审美特征，能够推动学生深度阅读经典名著。诗言志，借助诗歌言明情志是古代文人常用的方式。《三国演义》第四十五回，群英会上周瑜曾吟诗一首："丈夫处世兮立功名，立功名兮慰平生。慰平生兮吾将醉，吾将醉兮发狂吟。"在大战前夕的紧张气氛中，这首诗很好地表达了周瑜的意气风发，传递了他渴望建功立业的心声。《红楼梦》中黛玉计划在元妃省亲时大展才华，但元妃要求作"一匾一咏"，她只好无奈地作了一首五律"应景儿"。为什么黛玉作五律很无奈？因为五律格式一定，很大程度上限制了她的自由发挥。"古体不拘排偶，可以直抒己意，故虽有句法，锻炼之工尚少。至五言八句，声律、对偶，格式一定，必须铸意成辞，命辞遣意，非锻炼句法，何以见工？"②黛玉和宝玉闹了别扭"埋香冢飞燕泣残红"，写《葬花吟》，用的是歌行体，因为歌行句式以七言为主或兼有杂言，多用来指事咏物、抒情写意，便于抒发内心情感，在表达上能够错综阖辟、自然超逸。认识到文体的审美特征，有助于学生全面而深入地分析周瑜和黛玉的形象特点。

3. 梳理文言文的语言运用规律

高中语文教学一向重视梳理文言文独特的语言现象和语言运用规律。这一目标的达成可以采用从分散到集中的方式，在学习单篇课文的时候要求学生自主积累语言现象，写语言札记，随时记录点滴材料。在"中华传统文化经典研习"的学习过程中"联系学习过的古代作品，梳理常用文言实词、虚词和特

---

① 中华人民共和国教育部《普通高中语文课程标准》(2017年版2020年修订)，人民教育出版社2020年第2版，第21页。

② 冒春荣《葚原诗说》，出自郭绍虞编选，富寿荪校点《清诗话续编》，上海古籍出版社1983年第1版，第1578页。

殊句式，提高阅读古代作品的能力"①；在"语言积累、梳理与探究"和"汉字汉语专题研讨"两个任务群的学习过程中集中一段时间归纳整理，"试写短文，整合和解释有关现象""通过专门文章的阅读，引导学生深入思考"。②

按照纵贯式的学习活动设计，应"分类讨论"72篇古诗文的教学安排。"文学阅读与写作""思辨性阅读与表达"两个学习任务群分别要求课内阅读篇目中中国古代优秀作品应占1/2和不少于1/2，《赤壁赋》《项脊轩志》《陈情表》《兰亭集序》等可以在"文学阅读与写作"中学习；《师说》《谏太宗十思疏》《六国论》《与元九书》等可以在"思辨性阅读与表达"中学习。"整本书阅读与研讨"要求关注反映中华优秀传统文化的作品，《〈论语〉十二章》《子路、曾皙、冉有、公西华侍坐》《〈老子〉八章》《〈孟子〉一则》可视为学生阅读整本书的"引子"，引导学生从篇章阅读走向整本书阅读。"语言积累、梳理与探究"要求"通过文言文阅读，梳理文言词语在不同上下文中的词义和用法，把握古今汉语词义的异同，既能沟通古今词义的发展关系，又要避免用现代意义理解古义，做到对中华优秀传统文化作品的准确理解。"③《报任安书》《五代史伶官传序》《种树郭橐驼传》《石钟山记》几篇课文的语言现象相对典型、集中，是"语言积累、梳理与探究"的典型学习资源。"中华传统文化专题研讨"要求"选读体现传统文化思想精华的代表作品，参阅相关的研究论著，确定专题，进行研讨。加强理性思考，增进对中华文化核心思想理念和中华人文精神的认识和理解，体会中华文化创造性转化和创新性发展的趋势"④，《屈原列传》《劝学》《季氏将伐颛臾》

① 中华人民共和国教育部《普通高中语文课程标准》（2017年版2020年修订），人民教育出版社2020年第2版，第21页。

② 中华人民共和国教育部《普通高中语文课程标准》（2017年版2020年修订），人民教育出版社2020年第2版，第17页。

③ 中华人民共和国教育部《普通高中语文课程标准》（2017年版2020年修订），人民教育出版社2020年第2版，第16页。

④ 中华人民共和国教育部《普通高中语文课程标准》（2017年版2020年修订），人民教育出版社2020年第2版，第27页。

《大学（节选）》《中庸（节选）》《逍遥游》等古文，以及《登高》《书愤》《永遇乐·京口北固亭怀古》等古诗词凸显了中国文化、中国文人的价值追求，适合作为"中华传统文化专题研讨"的资源载体。

二、对照比较学习目标与内容，明确层次性和差异性

《普通高中语文课程标准》（2017 年版 2020 年修订）规定的 18 个学习任务群中，有明确对应关系的包括"语言积累、梳理与探究"和"汉字汉语专题研讨"，"中华传统文化经典研习"和"中华传统文化专题研讨"，"中国革命传统作品研习"和"中国革命传统作品专题研讨"，"中国现当代作家作品研习"和"中国现当代作家作品专题研讨"。其中"语言积累、梳理与探究"和"汉字汉语专题研讨"的层次性和差异性更为显著，前者在必修和选择性必修阶段分别设置了 1 学分，后者在选修阶段设置了 2 学分。如何体现这两个学习任务群的层次性和差异性？需要依据两个学习任务群的学习目标与内容设计不同难度水平的学习项目。

"语言积累、梳理与探究"学习任务群提出了 6 条学习目标与内容，与选修阶段"汉字汉语专题研讨"学习任务群列举的 8 个学习专题，共同呈现高中阶段学生需要关注的语言现象，需要梳理探究的汉语特点和语言运用规律。按照《普通高中语文课程标准》（2017 年版 2020 年修订）的表述，"语言积累、梳理与探究"在学习内容层面可以拆分为表 2-7 列出的学习主题。

表 2-7 "语言积累、梳理与探究"学习主题

学习目标与内容	学习主题	知识体系
（1）在语文活动中，积累有关汉字、汉语的现象和理性认识，了解汉字在汉语发展和应用中的重要作用，巩固和加深义务教育阶段所学的汉字知识；体会汉字、汉语与中华传统文化的关系及汉语的民族特性，增强热爱祖国语言文字的感情。	汉字特点	汉字
	汉字与中华传统文化	

学习目标与内容	学习主题	知识体系
（2）通过在语境中解读词汇、理解语义的过程，树立语言和言语的相关性和差别性的观念。	语言和言语	词汇
（3）通过文言文阅读，梳理文言词语在不同上下文中的词义和用法，把握古今汉语词义的异同，既能沟通古今词义的发展关系，又要避免用现代意义理解古义，做到对中华优秀传统文化作品的准确理解。	古今沟通	
（4）在自主修改病句和分析句子结构的过程中，体会汉语句子的结构特点和虚词的作用，进一步领悟语法规律。在学习文学作品时，观察词语的活用、句子语序的变化等，体会文学语言的灵活性和创造性。	语法规律	语法
（5）在运用口语和书面语表达的过程中，对比两种语体用词和造句的差别，体会口语与书面语的风格差异。	口语和书面语	语体
（6）反思和总结自己写作时遣词造句的经验，建构初步的逻辑和修辞知识，提高语用能力，增强表达的个性化。	言语经验和言语品质	语用

关于表 2-7 的具体内容，有几个问题需要说明。

其一，"学习目标与内容"（1）分别列举了"汉字知识""汉字、汉语与中华传统文化的关系"及"汉语的民族特性"三个方面，拆分为两个学习主题，将学习主题定位为"汉字"而非"汉语"，主要考虑汉语包括语音、词汇、语法等内容，相关主题的学习都需要关注汉语的民族特性，可以融入其中。文字与语言相互依存，汉字的发展离不开汉语，汉字能够丰富汉语的表达，从汉字切入了解汉语的特点更为合理，操作性更强。

其二，学习主题的设置凸显了语言和言语的相关性和差别性。"语言"和"言语"是瑞士语言学家索绪尔提出的一对概念：语言是一个社会共同掌握的，是社会的、概括的；言语是语言进入每个人的话语系统中表现出来的，是个人的、具体的。通常，语言学家更关心语言层面的问题，如造字法、词义构成、语法规律等，文学家更关注言语层面的问题，如作家借助作品所传达出来的思想情感、价值取向等。语文学习应该将两者打通、兼而有之。作家表达情感的言语应该符合语言运用的客观规律，分析文学作品也应该借助语言现象，探索作品的形象、主题和内涵。

其三，文言文学习中的语言积累、梳理与探究侧重古今沟通。把握古今汉语词义的异同，沟通古今词义的发展关系，避免用现代意义理解古义，都涉及古今汉语的沟通问题。古代汉语很多句法现象、文言语素依然留存在现代汉语中，分析这些现象，有助于更好地理解现代汉语。如果把现代汉语词汇教学与古代汉语结合在一起，不仅能帮助学生从现代汉语的"已知"出发来认识古代汉语的"未知"，还能引领他们用已有的历史语言文化知识加深对现代汉语词汇的理解。

其四，用"言语经验和言语品质"强调"语言积累、梳理与探究"反思性知识的形成与发展。把握语言运用的规律，增强语言敏感性，均指向提高学生的语言运用能力，即言语品质的提升。遣词造句、逻辑与修辞是语文学习必须关注的内容，为帮助学生通过阅读作品提升思维品质，高中语文学习还需要关注篇章学习。"言语经验和言语品质"能够涵盖传统语言学涉及的词语、句子，强调学生应在对照反思过程中发展言语品质，提升思维品质。

表2-7涉及的汉字、汉语、词汇、语法、句法、修辞知识不构成完整的知识体系，语言积累、梳理与探究的过程中，知识是综合发挥作用的，具体的言语实践活动不对应单一的语言学知识要点，言语经验的积累、梳理和探究分布在语文学习的全过程之中，要在各个任务群的学习中了解、体会、积累、梳理、探究、反思、总结……充分发挥"语言积累、梳理与探究"任务群的枢纽作用，需要通盘规划，选择合宜的教学资源，设计一组螺旋式的学习项目，循序渐进。

《普通高中语文课程标准》（2017年版2020年修订）对"汉字汉语专题研讨"的学习目标与内容规定如下。

（1）有意识地在义务教育和高中必修阶段积累的基础上，发现与汉字、汉语有关的某些问题，结合汉字、汉语普及读物的阅读，进行归纳梳理，验证汉字、汉语的理论规律，例如汉字的表意性质、汉语的韵律特点、词汇意义的系统性、文学语言的灵活性、口语与书面语的不同特点等，提高对语言现象的理性认识。

（2）针对语言生活中的现实问题，例如网络语言与汉字汉语规范问题、方言与普通话关系问题、成语典故运用问题等，阅读相关论著，整理事实与数据，对社会上出现的语言热点问题展开讨论，用正确的观点与方法分析问题，得出结论，在实际语言运用中努力促进祖国语言文字健康发展。

（3）学生以撰写读书报告、语言专题调查报告、小论文等形式呈现学习成果，并在专题讨论会上发表自己的成果。①

学习目标与内容（1）和学习目标与内容（2）涉及语文学习中的语言问题和语言生活中的现实问题，共同指向收集、整理、归纳、分析，指向对语言现象的理性认识与科学分析。从中可以提取出 8 个学习专题：汉字的表意性质、汉语的韵律特点、词汇意义的系统性、文学语言的灵活性、口语与书面语的不同特点、网络语言与汉字汉语规范问题、方言与普通话关系问题、成语典故运用问题。需要注意的是，上述 8 个学习专题采用了列举的方式，意在体现其开放性，强调为达成"汉字汉语专题研讨"学习目标而设计的所有学习项目应该有共同的目标落点，不同之处在于具体的研讨内容。其中的任意一个角度在内容载体上同样具有开放性，可以从多个角度选择丰富多彩的语言材料作为学习资源。

《普通高中语文课程标准》（2017 年版 2020 年修订）对"语言积累、梳理与探究"和"汉字汉语专题研讨"学习目标与内容的相关规定已经显现出

---

① 中华人民共和国教育部《普通高中语文课程标准》（2017 年版 2020 年修订），人民教育出版社 2020 年第 2 版，第 26 页。

两者的层次性和差异性："语言积累、梳理与探究"任务群侧重从语言现象出发，探讨语言运用的规律，"汉字汉语专题研讨"要求学生运用已经建构的知识系统开展研究性学习，形成更为理性的认识。依据《普通高中语文课程标准》（2017年版2020年修订）的学段设置，必修、选择性必修和选修阶段的学习项目在关键行为上应有所不同，下面分阶段呈现教学实践案例。

（一）以整理、分类为重点的"语言积累、梳理与探究"

细化表2-7的学习主题，必修阶段"语言积累、梳理与探究"的学习项目设计可以选择以下学习内容。

1. 汉字的表意性特征与构形的基本规律。

2. 从传统文化的角度解读汉字的来源与演化。

3. 利用语境分析、理解词语内涵。

4. 按照字义引申规律积累文言现象，关注现代汉语双音节词与古代汉语单音节词的对应关系。

5. 立足规范性探索语法规律。

6. 收集、整理反映口语和书面语差异的语言材料。

7. 从逻辑和修辞的角度丰富言语经验，提高言语品质。

必修阶段一般有两种实施策略，其一，设计单独的"语言积累、梳理与探究"学习项目，用较长时间完成一个相对完整的学习任务；其二，融入其他学习任务群之中，设计"短平快"的学习项目帮助学生树立意识、养成习惯。

第一种策略的实施，如"换一种方式重读经典文本——基于词语内涵的文意分析"①，集中9课时组织学生借助语言学知识重读经典，经由词语深入

---

① 本案例的设计者为中国人民大学附属中学王丹霞老师。

挖掘文本内涵。学习项目包括四个基本环节。

> 1. 重读《廉颇蔺相如列传》《苏武传》以及《鸿门宴》，分析重点词语，说明词义与文意的相关性。
>
> 2. 引入词义分析的"五通"原则，引领学生借助工具书解读词语本义、联系其他句子比较分析、在具体语境中解读词语内涵。
>
> 3. 补充阅读《汉语语言学与语文教学》①《语言学视野中的语文教学——北京师范大学民俗典籍文字研究中心主任王宁教授访谈》②《训诂学原理》③中的"形义关系"与"词义引申"两个章节，用理论丰富学生的原始经验，指导学生借助相关理论分析词语语义。
>
> 4. 综合运用相关知识与方法自主积累、梳理与探究词语语义，提交学习成果。

第二种策略的实施，比如关注现代汉语双音节词与古代汉语单音节词的对应关系，在《廉颇蔺相如列传》里读到"君不如肉袒伏斧质请罪"，可以请学生回顾读过的文言文中出现的"质"字，逐一标注义项。

（1）《捕蛇者说》：永州之野产异蛇，黑质而白章。（质地、底子）

（2）《送东阳马生序》：

其业有不精、德有不成者，非天质之卑，则心不若余之专耳，岂他人之过哉？（天质、素质）

---

① 王宁《汉语语言学与语文教学》，《中国社会科学》，2000 年第 3 期。

② 李节《语言学视野中的语文教学——北京师范大学民俗典籍文字研究中心主任王宁教授访谈》，《语文建设》，2008 年第 9 期。

③ 王宁《训诂学原理》，中国国际广播出版社 1996 年第 1 版，第 39~46，54~59 页。

余立侍左右，援疑质理，俯身倾耳以请。（询问）

（3）《触龙说赵太后》：必以长安君为质，兵乃出。（人质）

（4）《廉颇蔺相如列传》：君不如肉袒伏斧质请罪。（杀人时作垫用的砧板）

（5）《狱中杂记》：惟大辟无可要，然犹质其首。（抵押）

（6）《指南录后序》：质明，避哨竹林中。（开始）

（7）《屈原列传（节选）》：惠王患之，乃令张仪佯去秦，厚币委质事楚。（见面礼）

（8）《墨子》：两柱同质。（垫在楹柱下的石基）

教师可以引入《说文解字》帮助学生建立"质"跟现代汉语双音节词的关系。

"質"字在《说文》里面上头是两个"斤"，底下是"贝"字。为什么是两个"斤"呢？两柱同質，两个柱子底下垫的石头必须大小高低质地完全一样，用一块石头分成两个。柱子底下垫的石头务必稳当、整齐，两个"斤"字讲的"質"是"柱質"的"質"。这个"質"后来引申为"質量"的"質"。抵押品为什么叫"質"？在柱子底下垫着，当然可以抵押。"柱質"底下的"質"，有两个特点——垫底的和相对的。"斧质""质地"都是在最底下的东西。"斧质"的"质"，就是案板。从"斧质"引申成"本有的"，"本有的"就是"垫底的"。人都是先天的影响后天的，所以通指为"本有的"，就是"本质"。本有的东西，对人来讲，素质和体质就是先天的，一生出来就带着，所以是先天的，这是指人的。如果一个东西是原生的，所以"地质、物质"都是原生的东西，这是指物。通指、指人、指物，分出三个义项。[1]

根据教师的讲解分析，学生能够整理出"质"字词义演变的过程。"质"在现代汉语中，是不自由或半自由语素，不能单独使用，但联系古代汉语词义引申的序列，就能了解现代汉语义项的来源。这样整理，可以把

---

[1]　本段文字转录自王宁先生 2019 年 4 月为北京教育学院卓越教师工作室授课的录音。

"质"的所有义项都归入"引申义列",未来学生整理词义的变化,都可以先梳理词的原始意义,然后从通指、指人、指物三个方面展开,逐步形成探寻词语意义的合理途径。

除了同一个词语的意义演变,还需要引领学生将意义相近的词语归类、比较。例如下面一组语言材料。

（1）时侍御史崔宗之谪官金陵。（《旧唐书·李白传》）

（2）皇祖下诏,征就金马。（李阳冰《草堂集序》）

（3）既罢,归国,以相如功大,拜为上卿。（司马迁《史记·廉颇蔺相如列传》）

（4）寻蒙国恩,除臣洗马。（李密《陈情表》）

（5）屈平既绌,其后秦欲伐齐,齐与楚从亲。（司马迁《史记·屈原贾生列传》）

上面五个句子中的"谪""征""拜""除""绌"与官职的授予、提升、降级相关,归类整理有助于丰富学生的古代文化常识。

必修阶段的整理、归类,一是要督促学生养成收集语言材料、关注语言现象、抽取语言规律的思维习惯;二是要为选择性必修和选修阶段的学习做好资源准备与经验储备。

（二）以归纳、概括为重点的"语言积累、梳理与探究"

选择性必修阶段的"语言积累、梳理与探究"的学习项目设计可以选择以下学习内容。

1. 学习汉字的"构形元素和结构次序""构建在组合中的作用""汉字的构形模式"等知识①,进一步了解汉字构形规律。

---

① 王宁《汉字构形学导论》,商务印书馆 2015 年第 1 版。

2. 从汉语韵律的角度认识汉语的特点。

3. 开展汉字与文化的个案研究。

4. 自主实践,梳理语义类聚。

5. 从汉字学原理的角度认识本义和引申义的关系。

6. 关注成语典故的运用,认识古今汉语的联系。

7. 立足文学语言的灵活性与创造性,认识语法规律。

8. 从口语和书面语差别的角度开展文学鉴赏活动。

9. 反思自身写作过程中的遣词造句和篇章结构,丰富言语经验、提升言语品质。

需要说明的是,上述 9 方面教学内容与必修阶段的教学内容有明显的照应、衔接关系,力求在汉字特点、汉字与传统文化、语言和言语、古今沟通、语法规律、口语和书面语、言语经验和言语品质 7 个学习主题上提出更为深入和全面的要求。

比如必修阶段要求了解"汉字的表意性特征与构形的基本规律",重点关注汉字"因义构形"的表意特征,利用汉字的部首、构件等知识帮助学生理性认识汉字的特征,逐步养成从分析汉字构造原理入手分析词义的习惯,促进学生古代典籍的阅读理解;选择性必修阶段要求学生对汉字构形特点形成相对全面的认识,在学习内容上有所深化和拓展。必修阶段从汉字与传统文化的关系角度认识汉语的特点,相对直观;选择性必修阶段要求从汉语韵律的角度认识汉语单音节、有声调的特点,相对抽象。又如,必修阶段要求学生重视语境分析和字义引申,选择性必修阶段要求学生梳理语义类聚,三个角度都关注言语和语言的关系,语境分析强调借助言语解读词义,字义引申突出对语言规律的探寻,语义类聚关注分析同义词、反义词等有规律的词语序列，隐含其中的是"言语—语言—言语"的语言认知发展过程，标示能力发展的层级要求。

同样是"认识语法规律"，"在自主修改病句和分析句子结构的过程中，领悟语法规律"属于语法规律的"规范性"问题，而"词语的活用""句子语序的变化"等指的是语法规律的"灵活性"。很多作家在语法上具有自己的创造性，彰显其个人的语言风格。必修阶段关注规范性，选择性必修阶段关注灵活性、创造性，能够帮助学生理性认识语法规律的稳定与多变。

选择性必修阶段的"语言积累、梳理与探究"在教学上依然采用"单列"和"融入"两种策略。单列的任务综合性强，可以同时包含几个主题的内容，一个任务可以集中安排9个课时，或者以一个主题为核心，集中安排4—5个课时。比如"文学阅读与写作""思辨性阅读与表达"阅读积累一定量的文言文之后，组织学生设计文言学习手册，积累文言阅读经验，归纳文言现象。融入的任务可以从小专题切入，与其他任务群配合，穿插在其他任务群的学习过程中，安排1—2个课时，如"它们有何异同——近义词的语义辨析"可以穿插在"文学阅读与写作"任务群的学习过程中，利用近义词的辨析引领学生理解不同词语隐含的形象与情境，增加语言的敏感度。

（三）以提炼、阐释为重点的"汉字汉语专题研讨"

选修阶段的"汉字汉语专题研讨"设置2学分，36课时，教学提示"建议设置4—6个专题，每个专题6—9课时"①，学习项目设计重点指向提炼、阐释，引导学生从收集整理的语言材料中，基于自身体验总结语言运用规律，发现汉字汉语的特点，拓展阅读相关理论文章或专著，找到理论工具阐释、提炼自己发现的规律。在多角度的体验、学习、分析过程中，学生逐渐探索出发现与解决问题的路径，逐步走向自觉关注、自觉思考与表达。学习资源的选择具有比较大的开放性，可以重点关注师生在必修和

① 中华人民共和国教育部《普通高中语文课程标准》（2017年版2020年修订），人民教育出版社2020年第2版，第26页。

选择性必修阶段"语言积累、梳理与探究"整理出来的语言材料。在学习成果的呈现方式上,与"语言积累、梳理与探究"的层级性和差异性主要表现为论文撰写和专著阅读。

比如,从语序的角度讨论文学语言的灵活性,可以选用下面一组语言材料。

①杂样儿,有名字的,没名字的,散在草丛里,〈像眼睛〉,〈像星星〉,还眨呀眨的。(朱自清《春》)

②看见鸦片,也不当众摔在毛厕里,〈以见其彻底革命〉,只送到药房里去,〈以供治病之用〉。(鲁迅《拿来主义》)

③我就摇了轮椅总是到它那儿去,〈仅为着那儿是可以逃避一个世界的另一个世界〉。[史铁生《我与地坛(节选)》]

④醒来吧,总理!继续你的革命生涯——〈以你对党的忠贞和崇高的政治品质〉。(郭小川《痛悼敬爱的周总理》)

⑤如果我能够,我要写下我的悔恨和悲哀,〈为子君〉,〈为自己〉。(鲁迅《伤逝》)

学习项目设计如下。

1. 请从语序使用的角度分析①—⑤的表达效果。

2. 阅读下列文章,从中选择理论观点,补充分析①—⑤的表达效果。

(1) 杨达英《语序调整的修辞效果》,《当代修辞学》,1982 年第 1 期。

（2）严光文《文学语言的规范和变异》，《西南民族学院学报》（哲学社会科学版），1995 年第 6 期。

（3）曾嘉赟《关于汉语语序问题的思考》，《文教资料》，2018 年第 36 期。

（四）撰写小论文，从语序的角度呈现你对文学语言灵活性的思考

引入文献资料的目的在于帮助学生从"生活概念"走向"科学概念"，用语言学的学科概念指称自己提炼出的规律，用相关概念的内涵分角度阐释规律，遵循规律补充典型支撑材料。撰写小论文需要达成两个目标，其一，学生逐渐体验到学术表达与日常书面表达的区别，初步建立学术表达的意识；其二，学生尝试用论文的结构体式引领自己的思维方式，初步养成学术思维习惯。选修阶段的学习主题需要针对热爱语文学科的学生提出更高的标准和要求，为他们未来选择语文学科作为深造方向打下基础。需要说明的是，在选择性必修阶段，学生探究语法规律的切入点即为文学语言的灵活性与创造性，前一阶段的学习成果可以直接转化为这一阶段的学习资源，引领学生从感悟性的概括走向学术化的表达。

为了落实"结合汉字、汉语普及读物的阅读，进行归纳梳理，验证汉字、汉语的理论规律"这一目标，可以选用《汉字的文化解读》[①]开展教学实践。《汉字的文化解读》在科学的汉字学理论指导下，通过对汉字构形的深度解析，系统阐释了汉字与文化之间的密切关系，内容兼顾学术性和普及性，配了大量的汉字演变和构形图示，直观呈现基本特征与规律，适合作为"汉字汉语专题研讨"的学习资源。这本书的序言部分讨论了汉字文

---

① 王立军等著《汉字的文化解读》，商务印书馆 2012 年第 1 版，第 71 页。

化解读的科学方法，总论篇分别讨论了汉字构形的文化解读、汉字阐释的文化解读、汉字起源的文化解读、汉字发展的文化解读和汉字规范的文化解读，分论篇分别呈现了汉字构形与古代天文、汉字构形与古代地理、汉字构形与古代神灵、汉字构形与古代纺织、汉字构形与古代建筑等，后记记叙了成书的过程。在教学安排上，可以用9课时完成阅读与研讨，教学方案设计如下。

1.阅读《汉字：中华文化的独特符号》①，根据文中信息，从汉字符号演变的角度绘制流程图。

2.阅读《汉字起源的文化解读》，补充印证《汉字：中华文化的独特符号》相关信息与观点。

3.阅读《汉字与古代纺织文化》《汉字与古代家庭文化》《汉字与古代建筑文化》，模仿书中的图示，选择一篇文章用图示的方式呈现汉字与古代社会生活的关系。

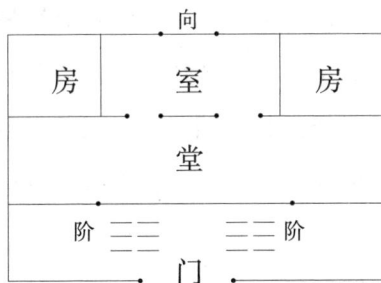

图 2-9　宫室结构示意图

①　王立军《汉字：中华文化的独特符号》，《光明日报》，2017年1月15日。

4.模仿示例，在书中选择一组文字，写一段问题阐释它们之间的关系。

示例：莽、默、突、器、独五个字都从"犬"，反映了犬在古代社会与人类关系的变化，开始是在荒原中奔跑的野生动物，"莽"即犬跑到草丛中追逐兔，后来成为人们狩猎的帮手，出猎时静候猎物出现，不能出声音是"默"字，猎物出现时要迅猛出击，是"突"字；后来，犬能够看家护院，"器"标识一条狗看着四个瓶子；再后来，狗有了牧羊的任务，"独"和"群"分别呈现了一条狗和一群羊。

5.通读《汉字的文化解读》，绘制全书内容结构的思维导图。

6.回顾阅读过程：借助思维导图，联系文章内容，你形成了什么观点？未来的语文学习中有哪些新的关注点？

《汉字的文化解读》是一本文集，语言通俗易懂，学理扎实，阐释清晰，适合作为高中生的汉字知识普及读物。阅读过程中的学习项目分别引导学生形成知识背景，了解阐释思路，在通读的基础上建构知识框架，认识汉字与文化的关系，形成基本观点，在专著阅读的引领下找到未来研究的关注点和兴趣点。

达成"汉字汉语专题研讨"的学习目标，对教师的挑战在于教师自身对汉字汉语特点的理解，阐释汉字汉语现象的能力，以及对相关文献的熟悉程度，即"要恰当选择专题……要配备适用的学习材料"①。

综上，依据"语言积累、梳理与探究"和"汉字汉语专题研讨"学习

---

① 中华人民共和国教育部《普通高中语文课程标准》（2017年版2020年修订），人民教育出版社2020年第2版，第27页。

目标与内容的层级分布，设计相互关联的学习任务群的教学方案，合理排布不同阶段的学习任务，安排不同阶段的学习形式，力求呈现出任务群之间的层次性和差异性。

三、关注学习内容"重现"，形成学习任务群的合力

高中语文学习中有些内容需要重复出现，通过重现帮助学生更深层次地领悟文字、文学、文化内涵，获得更为丰富的滋养。从学习内容重现的角度来看，各个学习任务群之间存在更为深层的关联，即从不同角度研讨同一内容，使之呈现出不同的学习价值，帮助学生实现多方面的发展。《论语》在"整本书阅读与研讨"中出现，重点在于"把握书中的重要观点和作品的价值取向。阅读与本书相关的资料，了解本书的学术思想及学术价值"[1]；在"思辨性阅读与表达"中出现，重点在于"把握作者的观点、态度和语言特点，理解作者阐述观点的方法和逻辑"[2]；在"中华传统文化经典研习"中出现，重点在于"选择中国文化史上不同时期、不同类型的一些代表性作品进行精读，体会其精神内涵、审美追求和文化价值"[3]；在"中华传统文化专题研讨"中出现，重点在于"加强理性思考，增进对中华文化核心思想理念和中华人文精神的认识和理解，体会中华文化创造性转化和创新性发展的趋势"[4]。不同学习阶段出现在不同的任务群中，需要达成不同的学习目标、呈现不同的学习内容，对学生的语文学习产生不同的意义和价值。经典作品都有重复出现的必要，从不同角度重读深思，启发学生产生

---

① 中华人民共和国教育部《普通高中语文课程标准》（2017 年版 2020 年修订），人民教育出版社 2020 年第 2 版，第 12 页。

② 中华人民共和国教育部《普通高中语文课程标准》（2017 年版 2020 年修订），人民教育出版社 2020 年第 2 版，第 19 页。

③ 中华人民共和国教育部《普通高中语文课程标准》（2017 年版 2020 年修订），人民教育出版社 2020 年第 2 版，第 21 页。

④ 中华人民共和国教育部《普通高中语文课程标准》（2017 年版 2020 年修订），人民教育出版社 2020 年第 2 版，第 27 页。

新的发现与思考。

下面以《红楼梦》的阅读为例，说明如何处理同一学习内容在不同学习任务群的重现，整合学习内容与过程，形成学习任务群的合力。

（一）"整本书阅读与研讨"学习任务群中的《红楼梦》阅读

"整本书阅读与研讨"的学习目标与内容涉及多个方面，分析《红楼梦》的教学价值，需要重点关注学习目标与内容的第（2）条与第（4）条。

在指定范围内选择阅读一部长篇小说。通读全书，整体把握其思想内容和艺术特点。从最使自己感动的故事、人物、场景、语言等方面入手，反复阅读品味，深入探究，欣赏语言表达的精彩之处，梳理小说的感人场景乃至整体的艺术架构，理清人物关系，感受、欣赏人物形象，探究人物的精神世界，体会小说的主旨，研究小说的艺术价值。

…………

利用书中的目录、序跋、注释等，学习检索作者信息、作品背景、相关评价等资料，深入研读作家作品。①

将《普通高中语文课程标准》（2017 年版 2020 年修订）的相关要求转化为具体的教学内容要点，参照《红楼梦》的文学价值，可以初步确定其教学内容。

表 2-8　《红楼梦》教学内容分析②

序号	《普通高中语文课程标准》（2017 年版 2020 年修订）要求的教学内容	《红楼梦》对应的教学内容
1	欣赏语言表达的精彩之处	众体皆备、谶语与隐喻、回目语言的修辞

---

① 中华人民共和国教育部《普通高中语文课程标准》（2017 年版 2020 年修订），人民教育出版社 2020 年第 2 版，第 11~12 页。

② 吴欣歆《立足课标，推进"整本书阅读与研讨"——以〈红楼梦〉阅读为例》，《语文建设》，2020 年第 1 期。

序号	《普通高中语文课程标准》（2017 年版 2020 年修订）要求的教学内容	《红楼梦》对应的教学内容
2	梳理小说的感人场景乃至整体的艺术架构	章回体的特点、双线并进、神话框架
3	理清人物关系	金陵贵族集团的姻亲关系
4	欣赏人物形象，探究人物的精神世界	人物整体评价、细节分析，同类人物对比
5	体会小说的主旨	社会主题与爱情主题
6	研究小说的艺术价值	审美风格、传统文化、艺术手法
7	借助相关资料深入研读	作者经历、成书过程、当代价值

作为文学经典，《红楼梦》的研究视域极其宽广；作为语文课程的教学文本，《红楼梦》的教学内容需要服从课程文件的相关规定，需要参考学生实际发展的需求。上表中列出的教学内容，还要根据学生阅读的实际情况适当调整增删。

按照《普通高中语文课程标准》（2017 年版 2020 年修订）"整本书阅读与研讨"的学分设定，《红楼梦》阅读在必修阶段可以安排 9 课时的课堂教学，"集中使用"可理解为"集中一段时间的使用"，根据学生的实际阅读需求，通读和研读阶段都可以安排课堂教学，课时有多种分配方式。例如"1 | 1 | 2 | 2 | 3"的课时分配方式。

读完前五回安排 1 课时，主要讨论前五回提纲挈领的作用，借助微型讲座帮助学生明确整部作品两条并进的线索——贾府衰落与宝黛爱情。整体梳理人物关系，请学生展示分享人物关系谱系图。

读完第六十二回"憨湘云醉眠芍药裀　呆香菱情解石榴裙"之后，安排 1 课时组织学生讨论与"湘云醉卧"同样具有意境美的场景，如宝钗扑蝶、龄官划蔷、共读《西厢》、宝琴立雪、黛玉葬花等，进而关注、重读其他能够体现《红楼梦》审美风格的部分，启发学生感受《红楼梦》的审美格调与品位。

通读全书后，安排 2 课时，集中讨论《红楼梦》的艺术手法，如"草蛇灰线，伏脉千里""众体皆备""特犯不犯，同而不同处有辨""晴为黛影，袭为钗副""背面傅粉"等。研讨过程可以采用演绎、归纳两种办法，如果学生已经凭借相关资料了解到某种艺术手法，建议用演绎的方法分析阐释；如果学生关注到了相关形象、场景、主题表现，建议用归纳的方法帮助学生建构概念，引导学生从手法的角度分析表达效果。

在关注艺术手法的基础上可以再安排 2 课时推进文本细读和关联阅读，帮助学生有更多的阅读发现。《红楼梦》的文本是自足的体系，文本细读能够单纯依托文本自身建构完足的意义和价值，细节间的关联能够增加文本解读的深度。建议教师设计阅读活动帮助学生重读文本，关注通读时没留意的表述方式以及内容之间的关联。例如："《红楼梦》中描写的贾府'吃''穿''住''行'无一不精致，请从某一方面，在书中找到不少于两处描写作为实例加以分析，说说这些内容是如何表现贾府这一贵族家庭生活的精致的。"①借助这个学习项目，学生可能会关注到不同的细节，如从庄头送年货的清单可见贾府吃的种类丰富，第四十一回刘姥姥二进大观园，王熙凤细说茄鲞的做法，可见贾府食物做工精细；第三十五回宝玉挨打后想喝碗"小荷叶小莲蓬的汤"需要使用连薛姨妈都没有见过的模具，可见贾府食具讲究。《红楼梦》中多次出现宴饮的场景，其中的菜品名称、佐餐的茶酒都充分体现出贾府生活的精致。

最后用 3 课时分析人物形象。建议引入王昆仑《红楼人物论》中不同分析角度和结构方式的文章作为例文，引导学生从人物整体评传、人物细节剖析、人物类别比照三个方面，关注典型环境与典型人物的关系，采用心理分析的方法，选择自己感兴趣的人物整理相关文段，撰写人物评传。

上述课时分配穿插在通读、研读和重读的过程中，还可以把 9 课时完全用在研读和重读过程中，采用"3 | 3 | 3"的课时分配方式。每三节课完

---

① 吴欣歆《高中经典阅读教学现场》，教育科学出版社 2018 年第 1 版，第 290 页。

成一个学习任务的交流研讨,三个课段分别讨论整体的艺术架构、人物形象分析、艺术手法及语言特色,在此基础上形成对小说主题的认识。

"整本书阅读与研讨"贯串必修、选择性必修与选修三个阶段,学生在高一读完《红楼梦》,高三还可以重读。有些在必修阶段无法完成的教学内容,也可以放到选择性必修或选修阶段,等学生的认识水平提高了,对《红楼梦》的熟悉程度提高了再开展相关学习活动。经典重读阶段,要着力于引领学生看到《红楼梦》中的人生哲理,看到《红楼梦》体现出的中国文化,看到《红楼梦》写作手法的不同一般,在选择性必修和选修阶段可以设计下面的学习项目。

> 1.人生无常,有偶然,有必然,也有偶然中的必然,必然中的偶然。你是否同意上述看法?请结合《红楼梦》两个人物的具体人生经历加以说明。
>
> 2.有人认为宝钗是儒家思想的践行者,湘云一身魏晋风流,黛玉则是士大夫的化身。你同意吗?请结合人物经历谈一谈。
>
> 3."草蛇灰线"是用于情节结构的一种方法,指的是在行文中用了不易被人发现的各种铺垫、照应,就像草蛇行过留下的痕迹,灰线弹出的印记。请在《红楼梦》中举出两个运用这种方法的例子,并具体说明。①

(二)"跨媒介阅读与交流"学习任务群中的《红楼梦》阅读

在"跨媒介阅读与交流"任务群的学习过程中,可以引入《红楼梦》的其他艺术表现形式,对照文本,开展跨媒介阅读,学习项目设计示例如下。

---

① 吴欣歆《高中经典阅读教学现场》,教育科学出版社 2018 年第 1 版,第 292 页。

1. 寻找人物原型

1987 年版的电视剧《红楼梦》是经典的影视作品，依照原著设置了很多大型场面，请你选取一个体现贾府场面的镜头，确认其中的人物形象，引用原著文字支持你的判断。

2. 唱词与小说

越剧《红楼梦》的唱词创作堪称典范，阅读"黛玉进府"的唱词，选择一个角度概括唱词与小说表现手法的不同。

（贾母唱）可怜你年幼失亲娘，孤苦伶仃实堪伤，又无兄弟共姐妹，似一枝寒梅独自放。今日里接来娇花倚松栽，从今后，在白头外婆怀里藏。

…………

（凤白）啊呀呀，老祖宗，我来迟了！（唱）昨夜楼头喜鹊噪，今朝庭前贵客到。……休怪我一双凤眼痴痴瞧，似这般美丽的人儿天下少！哪像个老祖宗膝前的外孙女，分明是玉天仙离了蓬莱岛。怪不得我家的老祖宗，在人前背后常夸耀。唉，只是我妹妹好命苦，姑妈翩然去世早。

（贾母唱）我一天愁云方才消，你何必又添我烦恼。

（凤白）哎呀老祖宗，我该打，该打！该打！林妹妹，你如今来到这里呀——（唱）休当作粉蝶儿寄居在花丛，这家中就是你家中，要吃要用把嘴唇动，受委屈告诉我王熙凤……

…………

（宝唱）天上掉下个林妹妹，似一朵轻云刚出岫。

（黛唱）只道他腹内草莽人轻浮，却原来骨格清奇非俗流。

（宝唱）娴静犹似花照水，行动好比风拂柳。

（黛唱）眉梢眼角藏秀气，声音笑貌露温柔。

（宝唱）眼前分明是外来客，心底却似旧时友。

3. 当代文化生活中的《红楼梦》

《红楼梦》在当代文化生活中依然占有重要地位。2015年是曹雪芹300周年诞辰，北京曹雪芹文化发展基金会策划、中华书局出版了2016年《红楼梦日历》，精选《红楼梦》中的诗词曲赋楹联等百余篇，从诗词的出处、背景以及文化内涵等方面加以注释、赏析，并配以百余幅精美的古代书画作品。此后，2017年《红楼梦日历》以"红楼植物"为主，向读者描绘草木传奇；2018年《红楼梦日历》以中医养生为主题，结合近三十例红楼医案、四十服实用药方及大量药品、方剂的功效分析，宣传阴阳平衡、天人合一的中医思想；2019年《红楼梦日历》选取《红楼梦》中52个色彩词，按照现代美术学分为7个色系，与不同季节的风物匹配；2020年《红楼梦日历》的主题是"雅居"。

请检索当代文化生活中的《红楼梦》，列举呈现形式，分析其存在的意义与价值。

以上三个学习项目启发学生从更为广阔的艺术视野去关注《红楼梦》，在体验不同艺术形式表现力的同时，加深对《红楼梦》及"红楼文化"的认识。

（三）"语言积累、梳理与探究"任务群中的《红楼梦》阅读

"语言积累、梳理与探究"任务群的学习中，可以把《红楼梦》当作语言学习的资源，分析谶语和隐喻的表达效果，讨论回目语言的修辞手法。例如下面的学习项目设计。

1.《红楼梦》中的谶语

《说文解字》云："谶，验也。有徵验之书。"谶，就是对于未来带有应验性的预言和隐语，它们往往假托天命与神意的形式出现，具有迷信与玄幻色彩。《红楼梦》的谶语大体可以分为以下几类。

（1）图谶：比较典型的是第五回，警幻仙子引宝玉浏览十二钗簿册，每位女子的册子除诗文外都配有一幅图画，这些画上绘制的或人物、或景致、或花鸟，用来暗示红颜薄命的主题。

（2）诗谶：小说中出现的大量词、曲、赋等韵文，以更为诗意的方式暗示象征人物命运。

（3）语谶：小说中人物日常所说的话语也往往流露出日后安排。惜春最终的结局是出家为尼，独卧青灯古佛旁。第七回周瑞家的送宫花，惜春的言语就预示了自己命运："我这里正和智能儿说，我明儿也剃了头同他作姑子去呢，可巧又送了花儿来；若剃了头，可把这花儿戴在哪里呢？"

（4）梦谶：神游太虚幻境以及后续出现的人物梦境都具有暗示作用，有的暗示个人命运，有的暗示家族兴衰。

（5）灯谜、酒令、戏文等：通过这些生活琐事仿若无意间预示了家族和个人的命运。如第六十三回宝玉生日女孩儿们掣花签，以花为谶，再一次点明各人的结果。再如元妃省亲点戏四出：《豪宴》《乞巧》《仙缘》《离魂》。脂砚斋批："《一捧雪》中伏贾家之败，《长生殿》中伏元妃之死，《邯郸梦》中伏甄宝玉送玉，《牡丹亭》中伏黛玉死。所点之戏剧伏四事，乃通部书之大过节、大关键。"

整理、摘录《红楼梦》中的谶语，概括其在语言运用上的特点。

2.检索我国古代章回小说回目的呈现形式，梳理《红楼梦》的回目名称，从语素、修辞和句式等角度概括其精妙之处。

我国古代章回小说的回目形式最常见的是每联十四字对仗、十六字对仗混用，如《三国演义》《水浒传》《西游记》；有些是单联，多见于才子佳人小说，两回之间对仗，如《好逑传》《玉娇梨》；还有每联字数有六至十字不等的回目，如《隋唐演义》《说岳全传》；还有一些就是彻底的单联，不与任何回目对仗，如《封神演义》。通过对照比较，学生能够发现《红楼梦》回目名称高雅精致的艺术品位。

此外，在"文学阅读与写作"任务群的学习中，可以把《红楼梦》作为文学创作的载体，文学评论的对象。在"跨文化专题研讨"任务群的学习中，可以选择不同国家的世情小说、爱情小说，与《红楼梦》进行对比阅读，完成专题研讨。在"学术论著专题研讨"任务群的学习中，可以选择阅读《细说红楼》《红楼梦考证》《红楼小讲》《〈红楼梦〉与中国旧家庭》等学术论著，关注作者的阅读方式、观点提出与阐释的方式等。《红楼梦》

博大精深，是一部具有世界影响力的世情小说，举世公认的中国古典小说高峰，传统文化的集大成者，"红学"是严肃专门的学问，已形成若干研究流派。在不同的学习任务群中重现《红楼梦》，都能找到丰富的学习资源，能够设计出符合高中生语文学习需求的学习项目。各个学习任务群形成合力，有助于凝练成学生心中的《红楼梦》，增加学生成年后阅读《红楼梦》的可能性，推动文化传承与理解的真正实现。

第六节　探索"综合统筹评价过程"的思路

第八次基础教育课程改革的推进过程中，考试改革要求的提出先于《普通高中语文课程标准》（2017 年版）的颁布。

2014 年 9 月，国务院颁布的《关于深化考试招生制度改革的实施意见》明确要求，高考考试内容的改革要"依据高校人才选拔要求和国家课程标准，科学设计命题内容，增强基础性、综合性，着重考查学生独立思考和运用所学知识分析问题、解决问题的能力"。

2015 年，根据中央精神和教育部党组的要求，教育部考试中心提出了加强"一点四面"考查的改革重点，即以"立德树人"为核心，加强对社会主义核心价值观、依法治国理念、中华优秀传统文化与创新能力的考查，不断强化高考的育人功能和积极导向作用。要求语文高考试题凸显"以文育人"的教育功能，传承中华优秀传统文化，饱含人文精神与时代气息的基本特征。

2016 年，教育部考试中心提出了构建"一体四层四翼"的高考评价体系，明确"必备知识、关键能力、学科素养、核心价值"四层考查目标以及"基础性、综合性、应用性、创新性"四个方面的考查要求。

上述文件均提到了考试评价的"综合性"，可视为综合统筹评价过程，设计综合性评价方案的文件依据。

"综合统筹评价过程"涉及学习任务群推进过程中的表现性评价、不同阶段的学业质量评价和高中阶段的终结性考试评价。综合统筹的内容涉及评价主体、评价方式、评价结果的反馈等多个方面，即综合统筹不同评价主体使之发挥各自的作用且形成合力，综合统筹口头和书面、活动表现和纸笔测验等评价方式使之多方面反映学生的语文核心素养，综合统筹评价结果的反馈方式使之更好地促进教与学的改进。

一、语文核心素养评价的整体设计

在综合统筹需要关注的诸多方面中，纸笔测验的评价工具设计是实践过程中的难点问题。依据《普通高中语文课程标准》（2017 年版 2020 年修订）对学业质量水平的相关规定，基于核心素养的语文评价采用以下框架。

表 2-9　语文学科核心素养的评价框架

活动 ＼ 情境	阅读与鉴赏	表达与交流	梳理与探究
个人体验	·整体感知	·陈述与叙述	·筛选与提炼
	·信息整合	·描绘与表现	·归整与分类
社会生活	·理解阐释	·解释与分析	·比较与抽象
	·推断探究	·介绍与说明	·收集与组合
学科认知	·赏析评价	·应对与调整	·发现与再造

情境是学生核心素养形成、发展和表现的载体，对学生核心素养的测查也应该在真实、富有意义的情境中进行。建构主义学习理论强调情境中"真实任务"的解决，认为将知识运用到具体情境中，会存在大量结构不良的特征，即概念的复杂性、实例间的差异性。所以不能靠将已有知识简单提取出来去解决问题，只能根据具体情境，以原有的知识为基础，建构用于指导问题解决的图式。脱离了情境，阅读与鉴赏、表达与交流、梳理与探究容易成为"做题目"，而不是"完成任务"。测试情境越真实，越贴近学生的生活实际，越容易激发学生言语实践的兴趣，也有助于学生呈现真实的言语实践能力。下面按照语文学习的基本活动类型解析各个能力要素。

（一）阅读与鉴赏

在阅读与鉴赏活动中，学生要能对文本内容形成整体性认识，提炼关键信息，还需要在文本信息的内部、文本信息与现实生活之间建立合理联系，在此基础上运用文本内容解决实际问题。这一类的语文实践主要涉及整体感知、信息提取、理解阐释、推断探究、赏析评价五种认知活动。

整体感知突出汉语言文字的特点，强调整体性、直觉化的思维方式，强调对文本内容、意蕴、语言等的直观感受和体会，而不是肢解文本进行单一的理性分析。

信息提取是对文本信息快速定位、识别、提取和加工的过程。现实生活中，阅读的目的往往是获取信息、知识或方法等，读者不必将文本从头读到尾。因此，学生首先要具备整合信息的能力，根据自己的阅读需要筛选、梳理、整合相关信息。

理解阐释要求学生进入文本的更深层次，在文本意义的情境中解释具体词句的内涵和作用、阐释文字背后的意义，善于发现问题，用自己的方式解释问题出现的原因。

推断探究，即借助相关信息理解文本中某一片段，判断某种观点。对于介绍新事物、专有名词较多或结构复杂的文本，需要学生利用文本信息进行合理的推断，或完成探究过程形成合理的观点。

赏析评价要求学生超越文本，结合自身经历和生命体验欣赏文本，能够客观地审视、思考文本的思想内容，评价文本的表现形式。

（二）表达与交流

在表达与交流活动中，学生需要呈现和记录事件、描绘事物、解释原因、表达个人的思考和体验，能够根据需要进行交流。这一类的语文实践主要涉及陈述与叙述、描绘与表现、解释与分析、介绍与说明、应对与调整五种认知活动。

陈述与叙述，能够有条有理地呈现事件，按照一定的时间、空间变化或一定的逻辑顺序记录事件的前后经过或者变化过程。

描绘与表现，能够用文字勾勒事物或景物的整体状况和局部细节，并在此过程中显现出自己对事物的感受、认识与思考。

解释与分析，"解释"是在充分观察事物的基础上思考，合理地说明现象出现、事物变化的原因，清晰地解释事物之间的联系或事物发展的规律。"分析"即能够从各个部分、方面、因素或不同层次呈现事物或事理的特征，寻找解决问题的途径。

介绍与说明，依据目的和对象的需要，按照合理的顺序详细描述事物或方法，突出其主要特点，呈现其本质特征。

应对与调整，针对具体的对象或情境提出合理的措施或作出合理的回答，根据对象或情境的变化重新提出措施或作出新的应答。

（三）梳理与探究

基于不同的语文学习内容，认知要素的内涵与学习指标会发生相应的变化。在梳理与探究活动中，学生需要对他们学过的语言、文学、文化等方面的知识进行梳理，在梳理的基础上进一步探究，便于在积累基础上归纳整合，加深理解。在评价框架中，这一类语文实践活动具体涉及筛选与提炼、归整与分类、比较与抽象、收集与组合、发现与再造五种认知活动。

筛选与提炼，按照一定的标准要求选出合理的语言材料，并在此过程中提取出该类语言材料的特点或运用规律。

归整与分类，将混杂的语言现象或文字材料按照一定的目的和要求划分类别，使之呈现出类别特征或语言运用的基本规律。

比较与抽象，对比同类语言现象或语言材料，抽取其共同特征，梳理其不同之处，并用概括的语言界定其异同；能够按照情境要求梳理、整理自己的生活体验，从感性体验走向理性认识。

收集与组合，积累语言材料，能够依据相关知识框架或概念体系梳理、整理自己积累的语言材料，在不同情境中使之成为有序列、有结构、有主题的整体。

发现与再造，能够发现语言材料与现实生活的联系，用概括的语言呈现这种联系，并且能够借助这种发现完成新的语言运用与实践活动，在此基础上建构新体验、形成新思考。

二、多元组合测试材料，提高测试工具的综合程度

基于语文学科核心素养的测评，测试内容聚焦于在语文实践活动中形成的语言文字运用能力，立足于测查学生运用语文学科的知识与能力、思维方式与方法，认识问题、分析问题、解决问题的综合素质。指向语文学科

核心素养的测评关注语言、知识、技能和思想情感、文化修养等多方面综合能力的整体水平，能够承载上述因素的测试材料需要有机组合多种形式的文本，承载尽量丰富的测试功能。换一个角度来看，多类型文本组合的测试材料也更为贴近现实生活中真实的阅读情境。在现实生活中，为了解决某个问题，或者为了全面认识某个事物，通常要检索不同媒介形式、不同文体样式的资料，通过对比、分析、整合，确认信息的真实性和有效性，在提取信息的过程中实现对信息的整体感知和基本判断。

综上，组织测试材料的基本思路是立足真实阅读情境，用综合性的材料测查综合性的素养。例如下面的材料组合与题目命制。

（一）测试材料涵盖不同特点的文本类型

测试材料选取当代诗人顾城的《远和近》，现代诗人徐志摩的《偶然》，古代诗人王维的五言律诗《归辋川作》，材料如下。

远和近①

顾　城

你
一会看我
一会看云

我觉得
你看我时很远，
你看云时很近。

---

① 顾城《一代人·远和近（顾城卷）》，长江文艺出版社 2011 年第 1 版，第 44 页。

偶 然①

徐志摩

我是天空里的一片云，
偶尔投影在你的波心——
你不必讶异，
更无须欢喜——
在转瞬间消灭了踪影。

你我相逢在黑夜的海上，
你有你的，我有我的，方向；
你记得也好，
最好你忘掉，
在这交会时互放的光亮！

归辋川作②

（唐）王维

谷口疏钟动，渔樵稍欲稀。
悠然远山暮，独向白云归。
菱蔓弱难定，杨花轻易飞。
东皋春草色，惆怅掩柴扉。

---

① 许祖华选编《徐志摩作品精选》，长江文艺出版社 2003 年第 1 版，第 184 页。
② 王维著，赵殿成笺注，白鹤校点《王维诗集》，上海古籍出版社 2017 年第 1 版，第 190 页。

题目设定如下。

1. 根据三首诗的特点，完整默写一首同样包含"云"意象的古代诗词，并简要说明你选择它的理由。

2. 根据自己积累的诗歌鉴赏知识，比较三首诗中"云"意象蕴含情感的异同。

3. 英美新批评学派认为，诗歌内部带有"张力"才会令读者回味无穷；整首诗应像一张拉满的弓，看似静止，实则蓄积着随时爆发的力量。请根据这一观点，任选一个角度评析三首诗各自隐含的艺术张力。

4. 英国诗人华兹华斯与中国诗人一样钟爱"云"，他在《水仙》中有这样的句子："我独自漫游，像山谷上空悠悠飘过的一朵云霓。"请参考这些诗歌，结合自己的积累，运用"云"这一经典意象创作一首诗。

现代诗和古诗体式特征不同，面对组合式的测试材料，学生不仅需要对诗歌的体裁特点有所了解，利用积累的诗歌鉴赏知识和阅读经验分析三首诗歌，还需要了解现代诗和古诗、中国诗和外国诗不同的表达方式，从不同的角度理解、思考文本内容。这组题目涉及收集与组合、理解阐释、比较与抽象、赏析评价、解释与分析、发现与再造、描绘与表现等多种认知活动。

（二）测试题目包括多种类型的语文学习活动

测试材料选用陈寿《赤壁之战（节选）》和几首与此相关的诗，材料如下。

赤壁之战（节选）①

（西晋）陈寿

十三年春，（孙）权讨江夏，（周）瑜为前部大督。其年九月，曹公入荆州，刘琮举众降，曹公得其水军，船步兵数十万，将士闻之皆恐。权延见群下，问以计策。议者咸曰："曹公豺虎也，然托名汉相，挟天子以征四方，动以朝廷为辞，今日拒之，事更不顺，且将军大势可以拒操者，长江也。今操得荆州，奄有其地，刘表治水军，蒙冲斗舰，乃以千数，操悉浮以沿江，兼有步兵，水陆俱下，此为长江之险，已与我共之矣。而势力众寡，又不可论。愚谓大计不如迎之。"瑜曰："不然。操虽托名汉相，其实汉贼也。将军以神武雄才，兼仗父兄之烈，割据江东，地方数千里，兵精足用，英雄乐业，尚当横行天下，为汉家除残去秽。况操自送死，而可迎之耶？请为将军筹之：今使北土已安，操无内忧，能旷日持久，来争疆场，又能与我校胜负于船楫可乎？今北土既未平安，加马超韩遂尚在关西，为操后患。且舍鞍马，仗舟楫，与吴越争衡，本非中国所长。又今盛寒，马无藁草，驱中国士众远涉江湖之间，不习水土，必生疾病。此数四者，用兵之患也，而操皆冒行之。将军禽操，宜在今日。瑜请得精兵三万人，进驻夏口，保为将军破之。"权曰："老贼欲废汉自立久矣，徒忌二袁、吕布、刘表与孤耳。今数雄已灭，惟孤尚存，孤与老贼，势不两立。君言当击，甚与孤合，此天以君授孤也。

时刘备为曹公所破，欲引南渡江，与鲁肃遇于当阳，遂共图计，因进住夏口，遣诸葛亮诣权。权遂遣瑜及程普等与备并力逆曹公，遇于赤壁。时曹公军众已有疾病，初一交战，公军败退，引次江北。瑜等在南岸。瑜部将黄盖曰："今寇众我寡，难与持久。然观操军船舰首尾相接，可烧而走也。"乃取蒙冲斗舰数十艘，实以薪草，膏油灌其中，裹以帷幕，上建牙旗，先书报曹公，欺以欲降。又豫备走舸，各系大船后，因引次俱前。曹公军吏士皆延颈

---

① 苏渊雷主编《三国志今注今译》，湖南师范大学出版社1991年第1版，第2651~2654页。

观望，指言盖降。盖放诸船，同时发火。时风盛猛，悉延烧岸上营落。顷之，烟炎张天，人马烧溺死者甚众。军遂败退，还保南郡。备与瑜等复共追。曹公留曹仁等守江陵城，径自北归。

赤 壁[①]

（唐）杜牧

折戟沉沙铁未销，自将磨洗认前朝。

东风不与周郎便，铜雀春深锁二乔。

古战场赤壁感怀

（明）方逢时

危矶绝峭倚清江，人道曹刘旧战场。

往事已随寒浪灭，遗踪惟有暮山长。

云霞尚带当年赤，芦荻空余落日黄。

欲吊英雄千古憾，渔歌声里又斜阳。

赤壁怀古[②]

（清）曹雪芹

赤壁沉埋水不流，徒留姓名载空舟。

喧阗一炬悲风冷，无限英魂在内游。

---

① 俞平伯等著《唐诗鉴赏辞典》（新一版），上海辞书出版社 2013 年第 1 版，第 1194 页。

② 何士明《红楼梦诗词鉴赏辞典》（修订版），上海辞书出版社 2017 年第 1 版，第 230 页。

题目设定如下。

1. 本文节选自陈寿《三国志·吴书·周瑜鲁肃吕蒙卷第九》，仔细阅读文中讲述的"赤壁之战"，写出隐含在字里行间的成语。

2. 找出第一段画线语句中包含的古今异义词，写出它们的古义和今义，梳理古今异义的类型。

3. 请对照罗贯中《三国演义》的目录（见下文），谈谈"赤壁之战"的情节在《三国演义》和《三国志》中有哪些不同点，说说为什么会有所不同。

第四十三回	诸葛亮舌战群儒	鲁子敬力排众议
第四十四回	孔明用智激周瑜	孙权决计破曹操
第四十五回	三江口曹操折兵	群英会蒋干中计
第四十六回	用奇谋孔明借箭	献密计黄盖受刑
第四十七回	阚泽密献诈降书	庞统巧授连环计
第四十八回	宴长江曹操赋诗	锁战船北军用武
第四十九回	七星坛诸葛祭风	三江口周瑜纵火
第五十回	诸葛亮智算华容	关云长义释曹操

4. 《三国志》记录的"赤壁之战"成为历代文人咏叹的历史事件，杜牧、方逢时、曹雪芹都曾作诗咏叹。分析三位诗人通过评价"赤壁之战"表达了怎样的情感态度并比较其异同。

四个题目，包括阅读与鉴赏、梳理与探究、表达与交流，如果从学习任务群的角度来看，涉及"文学阅读与写作""整本书阅读与研讨""语言积累、梳理与探究"等。材料和题目设定的综合性可见一斑。其中题目 4 重点关注理解阐释能力，学生要能够结合具体诗句的内涵理解并阐释作者的情感，同时要关注三首诗表达情感的不同，抽取其共同特征，梳理其不同之处，用概括的语言界定。

（三）测试题目整合多种学习情境

测试材料选择赵丽宏《安徒生博物馆》和高洪波《博物馆札记》两篇关于博物馆的散文。

题目设定如下。

1. 在"国际博物馆日"来临之际，校刊《星星草》开辟专栏登载两位作家的文章，请你为该专栏撰写"编者按"。

2. 在《博物馆札记》一文中的"博物观"，"观"该怎么读，怎么理解？请借助下面的词语说明。

察言观色　　走马观花　　蔚为大观　　作如是观　　楼观亭榭

3. 在"国际博物馆日"宣传系列活动中，请你结合这两篇文章，向同学们介绍博物馆参观记的写法。

4. 数据显示，美国每年每人进博物馆的次数为8次，中国每人大约3年进一次博物馆。这引起你怎样的思考，请你写一篇文表达自己的看法。题目自拟，不少于700字。

题目1侧重考查学生体会不同作家散文的特点，以及根据生活情境的任务要求写作的能力，属于"文学阅读与写作"与"实用性阅读与交流"的综合考查，涉及学科认知情境和社会生活情境。"编者按"是常见的实用文体，报刊编者为了让读者看得更明白或者得到更多的信息，通常增加"编者按"作为提示性说明和批注。学生不需要准确说出什么是"编者按"，但在日常生活中应该关注到"编者按"的主要内容和基本作用。写好"编者按"，需要读懂两篇散文的主要内容，确定两篇文章的联系和区别，抓住两篇文章的不同特点，结合自己的理解整体介绍两篇文章，阐明选择刊登的原因。题目2侧重考查学生结合测试材料信息以及试题情境，完成个性化写作的能力，兼顾"思辨性阅读与表达"与"当代文化参与"，整合了个人体验情境与社会生活情境。此外，题目2在题干中提供了新的文本信息，新增信息与题目2构成新的问题情境，要求学生结合材料信息表达观点。两篇散文，既可以作为学生表达观点使用的素材，也可以作为延伸拓展的材料，从中挖掘出更为多样的视角、更具个性特征的观点。题目1和题目2均将写作任务嵌入阅读任务，统整考查不同文体类型的阅读与写作能力，丰富了测试工具的言语活动形式和语言表达情境。题目3侧重考查"发现与再造"的能力，设置了学科认知情境，学生需要在两篇文章中抽取博物馆参观记的写作要点与结构特征，还要根据交流对象用概括的语言呈现这种特征，完成新语境下的表达。题目4侧重考查"解释与分析"的能力，学生需要关注两篇文章的相关信息，联系题干的补充信息，形成观点，选择不同的角度论证其合理性。题目1—4整合了个人体验、社会生活和学科认知情境，覆盖了三种语文学习的基本活动，综合考查了不同活动类型的多种语文能力。

三、植根现实生活，凸显测试工具的时代特点

综合统筹，还包括统筹语文学习和现实生活，在测试工具上表现为选用植根现实生活的真实材料，帮助学生表现出在社会生活情境中解决复杂问题的思维过程与思维品质。

"一个情境可以是意味深长的，只要：它通过质询学生的生活世界，通过触及其当下的兴趣中心来引导他调动知识；它向学生提出一个挑战，或者它更多地通过某种方式呈现出来，让学生自己认识到这是一个挑战；它对学生是直接有用的，比如通过让他在一个复杂的学习中获得进步……"[①]情境化任务包含丰富的潜在线索和条件，有助于考查学生发现问题、辨析

① ［比］易克萨维耶·罗日叶著，汪凌译《为了整合学业获得：情境的设计和开发》，华东师范大学出版社2010年第1版，第138页。

概念、建立关系和验证假设的能力。富有挑战性的问题具有不确定性与开放性，为学生提供了充分展示自己分析问题的思考过程以及解决问题并得出自己独特认识的机会。例如下面的测试工具。

（一）引领学生关注文化现象

当代社会生活的文化现象极为丰富，这些文化现象与传统文化有哪些内在关联？不同生活领域与文化背景的人是如何看待这些文化现象的？都是未来社会合格公民应该长久关注并深入思考的问题。引领学生关注文化现象，可以选用描述文化现象的测试材料，也可以借助测试材料启发学生观察、思考。例如下面的材料与题目。

材料一

歌德学院成立于 1951 年，是德国在全球开展语言推广和文化传播规模最大的机构。总部设在慕尼黑，分成总部、国内、国外分院三大部分。学习德语，感受文化是歌德学院对外传播的口号。作为德国对外文化政策工作的积极实施者，歌德学院通过文化对话和多层次的交流来塑造德国形象、发扬德国文化，努力呈现一个多彩的德国。自创办以来，形成了包含歌德中心、语言学习中心等庞大而正规的网络系统。截至 2018 年，歌德学院已在全世界 98 个国家和地区设有 157 个分支机构。

西方很多国家都有推广自己国家文化的机构。英国 1934 年成立了英国文化委员会，是英国负责教育和文化关系的国际组织，致力于在全球推广英国文化。法国 1883 年就已创设法语联盟，它是一个非盈利性的组织，旨在传播法语及法国文化。

材料二

2004 年 11 月 21 日，全球第一所孔子学院在韩国首尔揭牌。截至 2019 年 12 月，中国已在 162 个国家（地区）建立 550 所孔子学院和 1172 个中小学孔子课堂。就其教学状况而言，以 2017 年为例，面授学习者人数孔子学院多达

170万人，网络学习者人数增长至62.1万。

据人民网2012年12月19日的报道，歌德学院中国总院前院长阿克曼认为，歌德学院之所以成功是因为一开始就重视建立职业化队伍，现有专职人员3000人；英国文化委员会有专职人员7000多人；法语联盟有专职人员2万人。孔子学院呢？截至2012年底，每一年，孔子学院总部都要外派中方院长、汉语教师、志愿者等非专职人员近万人。2015-2017年，孔子学院每年中外专兼职教师人数均达到4万人以上，其中中外方院长及志愿者管理教师约3000余人。

对此，歌德学院主席雷曼表示，和中国经济发展一样，"孔子学院独特的传播模式"成立到现在完成了歌德学院、英国文化协会、塞万提斯学院等其他国语言推广机构几十年甚至上百年的任务和目标，可称为世界奇迹。这种"快速发展"的模式可被各国在其他地域推广本国语言中借鉴和采用。

材料三

"互相取长补短，用一盏灯点燃另一盏灯。"300多年前，德国先哲莱布尼茨对中西方文明这样期待。中国文化从"走出去"到"走进去"，中国形象从遥远的神秘到零距离的亲切，中国认知从经济发展到文化认可，孔子学院为不同肤色的人提供了一个交流、互鉴、合作的新平台。

如今，孔子学院的职能明确分为三部分：一是在组织开展有关中国语言文化的教育、交流活动；二是开展汉语教学，提供学习汉语的资源、汉语水平测试、文化信息咨询等功能性服务；三是走文化传播之路，以一种温和的对话和交流的文化外交方式增进了解，塑造国家形象。在文化多元化的背景下，孔子学院作为中国在国际上回应西方社会的"他者言说"，以在场的方式积极进行自我表述，其发展与壮大对于中华文化的传播有着重要意义。

题目设定为：

材料三中提到中西方文明应该"互相取长补短，用一盏灯点燃另一盏灯"。请根据你对这句话的思考，自拟题目，写一段发言。

阅读的目的不仅仅是为了获得作者的观点，更为重要的是借助作者的观点思考自己身处的社会与时代，思考文化的传承与交流，是为了更好的发展、继承与创造。题目需要学生对照文本内容，形成自己的思考与判断。

（二）引领学生关注科技发展

引领学生关注科技发展，在测试工具的设计上表现为两个方面，一是选择表现科技成就的文本形式，二是选择反映前沿科技发展的文本内容。表现科技成就的文本，大多采用文字、图片、表格等多种信息呈现方式，有些文本还附有二维码以便提供更丰富的信息满足不同读者的需求。科技发展的前沿动态变化迅速，教师要及时跟进、不断引入反映最新资讯的文本材料，让学生切实体会到测评的过程也是吸纳和学习的过程，测评内容与社会生活发展紧密相连。下面的测试材料选择了"新能源汽车"作为主体内容，呈现形式为非连续性的多种类型文本组合。

材料一

据统计，2015年上半年，仅是国家部委就新出台了近10项新能源汽车鼓励支持政策，包括减免新能源车船购置税、开放电动乘用车准入等。进入下半年，政策对新能源汽车产业的支持更是持续给力，9月底，国务院常务会议确定了一系列支持新能源汽车发展的措施，包括各地不得对新能源汽车实行限行限购，已实行的应取消等；日前，国务院办公厅又印发了《关于加快电动汽车充电基础设施建设的指导意见》，力争在充电桩领域也同时实现破局。

来自中汽协的数据显示，今年1月至9月份，我国新能源汽车累计生产144 284辆，销售136 733辆，同比分别增长2倍和2.3倍。从前9个月的销售数据测算，2015年新能源汽车总销量有望达20万辆。

近日，国家制造强国建设战略咨询委员会也绘就了新能源汽车产业未来十年发展路线图。文件显示，到2025年，中国新能源汽车年销量将达到汽车市场需求总量的20%，自主新能源汽车市场份额可到80%以上，为了实现这个目标，国家层面将形成产业间联动的新能源汽车自主创新发展规划，并推出持续可行的新能源汽车财税鼓励政策等。

材料二

按计划，2013年至2015年39个推广应用城市（群）将累计推广新能源汽车33.6万辆。截至2015年8月份，累计推广新能源汽车总量达15.96万辆，占累计推广目标的47%，下面是新能源汽车推广排名前10的城市推广数量及比例：

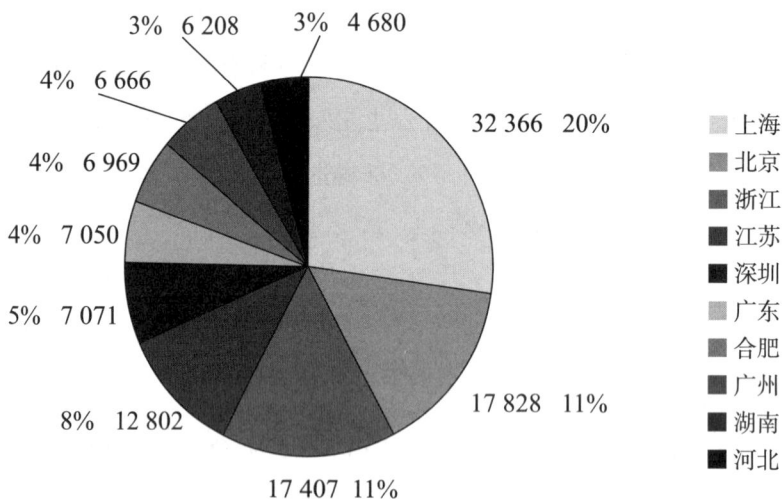

图2-10　新能源汽车推广排名前10的城市推广数量及比例

材料三

电动汽车电池的研发工作经历了从铅酸电池、镍氢电池到锂电池的发展过程，每一种电池各有利弊。北京时间10月30日，科技网站Ars Technica报道，剑桥大学研究人员已经开发出了锂－空气电池的实验室模型，解决了与相似的化学电池有关的数个问题。他们开发的锂－空气电池能量密度高，充电次数"超过 2 000 次"，能源使用效率理论上超过 90%。科学家相信有朝一日锂－空气电池将取代目前的锂离子电池，但他们也明确，因开发这类电池还有一些重大障碍，锂－空气电池的商品化还需要"至少 10 年"。

"在电池短期还无法实现革命性突破，续航里程不够的情况下，消费者希望充电设施健全，行驶 100 公里至 200 公里就可以找到地方充电。"清华大学汽车工程系教授欧阳明高认为，"从这一层面讲，充电桩的建设更应适度超前，并引入市场竞争机制，从而提高运营效率。"

中国汽车技术研究中心专家侯华亮表示，地方政府应从推动新一轮新能源消费革命的高度，充分认识国家发展电动汽车及充电基础设施的战略意义，跳出"鸡和蛋"关系的思维误区。具体来讲，就是要重点解决充电基础设施与城市规划衔接、新建建筑物配套充电设施和已有建筑物改造要求、土地供应与社会公共停车场资源供应管理流程、建设安装与安全管理相关标准规范、物业评级与考核机制、充电设施供电服务流程与监管机制等问题。

北京交通大学经济管理学院教授刘颖琦以全球典型商业模式案例 Autolib 项目和 Car2go 项目为例阐释自己的观点，前者为用户提供方便灵活的异地还车服务、密集的充电服务以及配套系统服务，后者打破了按天计费和在门店租车还车的传统运营模式，以智能化信息系统简化运行流程。

材料四

中国汽车技术研究中心专家预计 2015 年我国的动力电池累计报废量大概在 2～4 万吨，到了 2020 年前后，我国仅纯电动乘用车和混合动力乘用车的动力电池累计报废量将会达到 12～17 万吨的规模。新能源汽车动力电池的回收与再利用已成为一个不可忽视的问题。据了解，回收电池的技术路线相当复杂，投入成本高，这使很多回收企业望而却步，以致电池回收处理存在严重缺口。

中国国际经济合作学会副主任杨金贵另外指出，目前中国 80% 的二氧化碳排放来自燃煤，超过 50% 的煤炭消费用于火力发电，而同时，火力发电量占到总发电量的 70% 以上。加之目前我国煤炭发电平均效率只有35%，在这样的情况下，发展电动汽车，无异于增加电力消耗，同时也就意味着增加碳排放量。随着我国城镇化、工业化步伐的加快，电力资源将更为紧张。而对尚处在风能、核能发电尚在发展阶段的我国而言，大力发展电动汽车，势必将增加能源供需紧张形势，相反不利于低碳产业的发展布局。

材料五

北汽新能源汽车公司 2015 年 1—9 月共销售 11 247 辆纯电动汽车，同比增长 10 倍。在公司总经理郑刚看来，推广新能源业务最关键的是要打造新能源汽车生态系统，北汽新能源构建了国内首个"新能源汽车生态圈"，开始探索全价值链的布局。

在今年世界环境日，北汽新能源发布了有关新能源汽车产业生态圈的"卫蓝众享 A+ 计划"的消息，这一计划在分时租赁、电动物流、充电场桩等方面具有整合社会、行业优势资源的功能，使新能源车企从过去单一的 B2C 模式向更为宏观的 B+2C 的产业链生态圈转型。据介绍，自"卫蓝众享 A+ 计划"启动以来，北汽新能源与特锐德合资成立充电服务运营公司，并通过与上海普天、华商三优等充电公司合作，完成充电桩建设近 10 000 个，实现了对商城、居民小区、科技园区、宾馆酒店和写字楼等社会公共资源的广泛覆盖。

新能源汽车"生态圈"，它涵盖了生产制造领域、消费领域和消费者的生活领域。北汽不仅仅是单纯的研发、生产、销售新能源汽车，更重要的是打造了一套功能健全的生态系统，主要包括充电生态圈、服务生态圈、消费生态圈和新能源汽车产业生态圈等维度。

材料六

近日，一台带有"国家电网"标志的电动汽车充电桩在无锡天元世家小区建成，市民吴女士在无锡率先拥有了"私人定制"的电动汽车充电桩。

据了解，无锡供电今年推出电动汽车充电桩定制服务，市民只需向就近的供电营业厅提交申请，供电部门会即时到现场勘查，制定个性化供电方案。吴女士到供电营业厅申请后，营业厅立即安排工作人员前往社区车位现场勘查，确保规范合理地安装充电桩。设计方案通过审查后，供电部门根据吴女士的用车需求布置了独立供电线路，将充电桩直接安装到地下车库的车位旁。

吴女士对供电部门的服务非常满意。按照供电、物价等部门的规定，充电桩用电价格与居民用电价格标准相同，降低了市民使用成本。

题目设定如下。

> 1. 请你写一段话，在"E社区"微信平台上宣传推广新能源汽车。
>
> 2. 记者：当前新能源汽车发展有不少现实问题，你了解哪些？谈谈你对这些问题的看法。
>
> 你的回答：＿＿＿＿＿＿＿＿＿＿＿＿＿＿＿＿＿＿＿
>
> 3. 平乐小区居民有要申请安装电动汽车充电桩的，请你为他们提供一份电动汽车充电桩申报流程图。
>
> 4. 在"新能源开启低碳生活"活动中需要一张"新能源汽车产业生态系统"图，请你绘制。

题目1侧重考查"应对与调整"的能力，学生需要在六份材料中筛选关于新能源汽车的信息，针对"E社区"这一表达平台，为实现"宣传推广"的目的，重新组合相关信息，作出回应。题目2侧重考查"解释与分析"的能力，学生要在充分阅读材料的基础上，看到新能源汽车出现、发展的原因，从不同角度解释现实问题产生的原因，给出自己的观点或解决途径。题目3侧重考查"介绍与说明"的能力，交流对象是"平乐小区居民"，对象的需求是了解充电桩申报流程，呈现方式限定为"图例"，需要重点关注顺序、关键步骤的细节等。题目4侧重考查"收集与组合"的能力，根据六份材料提供的概念，建构基本框架，在具体的活动情境中提供有序列、有结构、有主题的整体图示。这样的测试工具表现出回归真实阅读情境，回归真实生活情境的倾向，符合核心素养的测评要求。

（三）引领学生关注现实问题

引领学生关注现实问题的测试材料也需要关注文本形式和内容两个方面。下面的测试材料选用混合文本，包含表格、图、文字材料三种文本类型，具体内容如下。

材料一　"银发潮"将席卷中国

2012年和2013年是中国人口老龄化发展中形成的第一个老年人口增长高峰。2013年老年人口数量达到2.02亿，老龄化水平达到14.8%，是劳动年龄人口进入负增长的历史拐点，推动人口机会窗口逼近关闭，老年抚养比从2012的20.66%上升到2013年的21.58%。截至2014年底，我国60岁以上老年人口已经达到2.12亿，占总人口的15.5%。据预测，21世纪中叶老年人口数量将达到峰值，超过4亿，届时每3人中就会有一个老年人。

表2-10　2014年中国人口总数及其构成情况

指　标		年末人数（万）	比重（%）
地区	城镇	74 916	54.77
	乡村	61 866	45.23
性别	男性	70 079	51.2
	女性	66 703	48.8

续表

指标		年末人数（万）	比重（%）
年龄	0—15 岁	23 957	17.5
	16—59 岁	91 583	67.0
	60 岁及以上	21 242	15.5
	65 岁及以上	13 755	10.1
总计	全国总人口	136 782	100.0

民政部部长、全国老龄办主任李立国表示，我国空巢和独居老年人近 1 亿人，60 岁以上失能、半失能老年人约 3 500 万人，要把帮扶困难老年人作为发展老龄事业的重中之重。根据联合国的规定，当一个国家或地区 60 岁及以上人口占总人口的比重超过 10%，或 65 岁及以上人口占总人口的比重超过 7% 时，通常认为这个国家进入老龄化阶段。

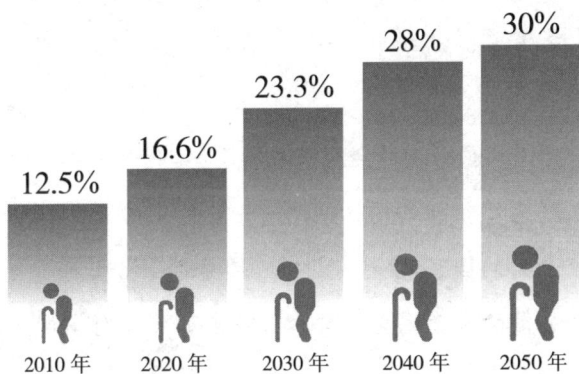

数据来源：中国老龄事业发展报告（2013），全国老龄工作委员会办公室

图 2-11　中国 60 岁及以上人口占比趋势图

全世界老年人口超过 2 亿的国家只有中国。2 亿老年人口数几乎相当于印度尼西亚的总人口数，已超过巴西、俄罗斯、日本等人口大国的人口数。预计 2033 年前后将翻到 4 亿，到 2050 年左右，老年人口将达到全国人口

的三分之一，"银发潮"将对我国的经济、社会、政治、文化发展产生深远的影响。

根据中国社会科学院及社会科学文献出版社联合发布的《2014年中国社会形势分析与预测》，未来几十年里，"银发潮"将席卷中国，60岁以上老年人口所占比例将会迅速提高，预计2015年，这一比例将达到15%。2005年，相对每100名适龄工作成年人，仅有16名中国老年人。这一老年抚养比到2025年将会翻番到32%，到2050年会再翻一翻，达到61%。到2050年时，将会有4.38亿中国人年龄达到或超过60岁，其中1.08亿人超过80岁，2050年劳动者的负担将增长3倍。

由于人口老龄化超前于现代化，"未富先老"和"未备先老"的特征日益凸显。老年人面临诸多问题和困难，2012年全国约有2 300万老年人属于贫困和低收入者。城镇老年人口的宜居环境问题十分突出，七成以上的城镇老年人口居住的老旧楼房无电梯，高龄、失能和患病老年人出行困难。2012年农村留守老年人已达5 000万人。高龄、失能和患病老年人的照料护理问题，已经引起社会各界的普遍关注。

（多则材料改编）

材料二　老龄化问题影响社会经济发展

瑞银证券在题为《亚洲结构性问题——老龄化的亚洲》的报告中，将中国列为投资风险最大的国家之一，其中，重度老龄化及其对消费、经济、社会的影响是一个关键的考量因素。那么人口老龄化会对中国社会产生什么影响呢？

其一，人口老龄化会使养老保险入不敷出，目前我国养老保险空账3.1万亿。而老龄化与少子化（即0—14岁人口过少）叠加，则意味着巨大的养老风险。养老保险会面临"缴费的人少，领钱的人多"的窘境。目前，企业职工养老保险是3.2个缴费人赡养1个领取者，而若干年后，便会出现女职工退休和领取养老金的高峰，赡养比很可能降为2:1。

其二，从表面上看，人口老龄化能够催生"养老产业"的发展，而劳动年龄人口的减少则意味着未来养老服务价格的提升，甚至会出现老人有钱难以买到合适服务的情况。当前，我国养老产业刚刚兴起，该产业的发展还远远跟不上老年人口的增长速度。目前尚无力应对我国深度老龄化时代的到来。

其三，人口的老龄化会降低经济的活跃度。比如，日本就是一个老龄化国家，由于消费和就业率始终上不去，经济一直在低位徘徊，所以通货紧缩的阴霾难以消散。现在日本的问题是，大量的资金集中在老年人口手中，他们的消费欲望十分有限，而年轻群体的消费能力又不是很强。老龄化是日本经济一个难过的坎儿，中国的快速老龄化也会给经济带来很大负面影响。

（多则材料改编）

材料三　新型居家养老：应对老龄化问题的良策

当前，"银发潮"扑面而来，我国人口老龄化冲击无法回避。如何解决我国2亿多老年人的养老问题，成为全社会关注的焦点。中国的"空巢"老人越来越多，他们对社区的各类养老服务需求越来越迫切。

然而，目前的居家养老服务项目比较传统单一，覆盖面不广。中国老龄科学研究中心的专家认为，为老年人服务是非常细致的工作，不只是简单的送餐、沐浴、理发、洗衣被、居室打扫一类，还包括康复护理、读报陪聊、紧急援助呼叫等。但目前我国的居家养老服务还只是星星点点，服务能力薄弱。基层社区工作人员少、任务重，人力、财力都不够，日常工作都忙不过来，别说开展社区居家养老服务了。至于农村居家养老更是空白。由于大部分青壮年外出打工，农村老年人生活照料基本都是依靠自己，或邻里互相照应。乡村还没有建立针对居家养老的服务组织，农村老年协会也比较少。此外，对老年人的精神慰藉服务也很欠缺。许多老年人深居简出，很少与社会交往，也缺乏生活兴趣；对儿女情感依赖性强，儿女不在身边，容易产生心理失落，伴随着身体与心理上的衰老感，特别容易引发抑郁、焦虑等心理问题。

记者了解到，一些城市开始建立社区日间"托老中心"。老人白天可以到托老中心吃饭、娱乐，晚上回家享受天伦之乐的"新型居家养老模式"。这一模式投入少、资源利用率高、覆盖面大，与传统文化吻合，适合中国国情，是中国式的养老服务之路。我国从2007年开始大力推进居家养老，其中上海市的探索值得关注。上海市整合社区资源，依托助老服务社、医疗机构、家政公司等社区服务网点，通过上门或日托照料形式，为老年人提供助餐、助洁、助急、助浴、助行、助医等"六助"服务。重点聚焦困难群体老人，对他们实行居家养老服务补贴，开展老年人身体状况评估，根据评估结果为老人提供个性化服务。目前，上海市已建立社区老年活动室5 677家，建立老年康复站、老年学校、老年谈心站、老年食堂、老年理发室等各种老年人服务设施8 000多个。全市108家社区老年人日间服务中心，为社区老人提供日托服务；建立了234家助老服务社，有2.8万助老服务员为13.5万名老人提供居家养老服务，初步形成了覆盖社区的养老服务网络。

题目设定如下。

1. 根据材料内容为"人口老龄化"下一个定义，然后概括中国人口老龄化问题的特点和现实影响。

2. 有人认为实行"二胎政策"能够化解中国人口老龄化危机，有人认为这种对策治标不治本。请任选一方，运用材料中的数据和事实，结合社会生活，谈谈自己的观点。

3. 孟子在《孟子·梁惠王上》中向梁惠王献出治国之道，其中也涉及民养问题（见下文）。结合中国人口老龄化问题的现状和养老服务面临的困境，说说他的建议对解决当前养老问题有什么启发。

不违农时，谷不可胜食也；数罟不入洿池，鱼鳖不可胜食也；斧斤以时入山林，材木不可胜用也。谷与鱼鳖不可胜食，材木不可胜用，是使民养生丧死无憾也。养生丧死无憾，王道之始也。

五亩之宅，树之以桑，五十者可以衣帛矣；鸡豚狗彘之畜，无失其时，七十者可以食肉矣；百亩之田，勿夺其时，数口之家可以无饥矣；谨庠序之教，申之以孝悌之义，颁白者不负戴于道路矣。七十者衣帛食肉，黎民不饥不寒，然而不王者，未之有也。

4. 根据中国人口老龄化问题的特点和上海社区经验，为自己家庭所在的社区写一份《近五年社区人口老龄化问题解决建议》。

"老龄化"问题是每个国家都要面临的问题，用什么途径了解现状？从那些方面探索解决问题的途径？在材料和题目的引领下，学生关注到数据调查的一般方法，关注到学术论文的相关讨论，关注到新闻报道对"老龄化"问题解决的宣传与追问。

需要说明的是，指向核心素养的测试工具不建议使用删改的文本，整本书的节选也要尽量保持引用部分的完整性，原始文本更能考量学生接受、分析、辩证思考的能力，也更符合真实生活中的阅读状态。

反思笔记

我不会将世界两分成弱和强，或者成功和失败……我会将世界分成好学者和不好学者。

——［美］本杰明·巴伯

我确信具有挑战性的教学实践能够更好地实现成长，挑战越大，成长的空间越大。比较理想的状态是热爱挑战，理智地从错误中吸取教训，享受努力的过程，不断学习，借助反思建立和修复自信。

第一节 作为课程目标的语文学科核心素养

《普通高中语文课程标准》（2017年版2020年修订）凝练出的语文学科核心素养，可视为语文课程的终极目标，语文学科核心素养提出的动因主要有以下三个方面。

其一，社会要求的变化。随着现代化进程的加快，单纯学习人类的共同知识已经不能适应未来社会发展的需求，未来社会的合格公民应该具有建构知识的能力，即根据需求的变化探索新知识的价值观念、必备品格和关键能力。

其二，学习科学的发展。学习科学的发展让我们能够更好地把握、分析自身学习的心理过程，依据社会建构理论，学习是基于情境识别的原有经验结构化。能够在真实的情境中选择合理的学习内容和学习方式，重构自己的知识体系，学习才真实发生。

其三，变革经验的反思。"三维目标"期待在教学中统整知识与能力、过程与方法、情感态度与价值观三个维度，但这一期待并未在教学实践中成为现实。立足原有的实践经验，提出语文学科核心素养的概念，凸显了课程目标的综合性和整体性。

作为课程目标的语文学科核心素养，需要关注其内隐性、综合性和导向性。

一、语文学科核心素养的内隐性

"核心素养不是人类行动本身，而是个体行动背后的内在品质，是对个体相关的知识、能力、品格及价值观念的整合。"① 为建立核心素养与课程教学的内在联系，充分挖掘各学科课程教学对全面贯彻党的教育方针、落实立德树人根本任务、发展素质教育的独特育人价值，各学科基于学科本质凝练了本学科的核心素养，明确了学生学习该学科课程后应达成的正确价值观念、必备品格和关键能力，对知识与技能、过程与方法、情感态度与价值观三维目标进行了整合。

"学科核心素养是学科育人价值的集中体现，是学生通过学科学习而逐步形成的正确价值观、必备品格和关键能力。语文学科核心素养是学生在积极的语言实践活动中积累与构建起来，并在真实的语言运用情境中表现出来的语言能力及其品质；是学生在语文学习中获得的语言知识与语言能力，思维方法与思维品质，情感、态度与价值观的综合体现。主要包括'语言建构与运用''思维发展与提升''审美鉴赏与创造''文化传承与理解'四个方面。"② 正确的价值观念、必备品格和解决问题的关键能力是人的内在品质，这些内在品质需要借助外在的行为动作发展、提高，外在的行为动作需要确定具体的活动类型及情境。

二、语文学科核心素养的综合性

"语文学科核心素养的四个方面是一个整体。语言是重要的交际工具，也是重要的思维工具；语言的发展与思维的发展相互依存，相辅相成。语言文字是文化的载体，又是文化的重要组成部分；学习语言文字的过程也是文化获得的过程。语言文字作品是人类重要的审美对象，语文学习也是学生审美能力和审美品质发展的重要途径。语言建构与运用是语文学科核心素养的基础，在语文课程中，学生的思维发展与提升、审美鉴赏与创造、

---

① 杨向东《从核心素养看批判性思维的培养》，《教育测量与评价》，2018 年第 1 期。

② 中华人民共和国教育部《普通高中语文课程标准》（2017 年版 2020 年修订），人民教育出版社 2020 年第 2 版，第 4 页。

文化传承与理解，都是以语言的建构与运用为基础，并在学生个体言语经验发展过程中得以实现的。"①

"母语的建构与应用是语文课程独特的课程素养，也是其他要素的基础。只有这一项是唯一或主要属于语文的。它和思维是什么关系？任何学科都要培养思维能力与品格，但语言是思维的工具，又是思想的直接现实，语言是思维的外化形式，一切学科培养思维能力都要以语言为载体。所以，语文培养思维是最根本的，是实施其他学科教育的基础，它覆盖一切教育内容，也与任何学科结成联盟。任何学科都包括文化，尤其是历史和艺术，但语文学科是以口语和书面语来负载文化信息的，语言文字不仅仅是文化的载体，是文化传播的基础工具，而且自身就是一种重要的文化事象，当代文化生活的建构更是语文课程必须关注的实践课题，如果我们把审美界定为正确的价值取向，任何学科都面对审美问题，文学与艺术是审美的专门化。语文审美是针对言语作品的审美，在这一点上，语文和艺术具有分工的关系。但是，语言在表达美感的普遍性方面，也是其他艺术无法取代的。"②

以上文字明确了语文学科核心素养四个方面的关系——四个方面是一个整体，需要综合体现，语言建构与运用是整体发展的基础，也是语文学科独有的能力要求。因此，语文学科核心素养的提升不可能单个要素逐个发展，而是在整体上综合推进。综合推进的过程中各个要素不是平均用力，而是在不同的言语实践活动中侧重不同的方面。

语言建构与运用的主要途径有两个，一是通过语言材料的积累形成的语感，一是学习语言学的基本理论和规律，即语理。从语感到语理，需要积累语言材料和语言运用经验，在此基础上建构相关的语言运用规律，进而理解和掌握语言学的基本理论和规律。凭借积累形成语感，借助整合探究语理，都需要在具体的语言运用情境中通过真实的交流发生。语理不是

---

① 中华人民共和国教育部《普通高中语文课程标准》（2017 年版 2020 年修订），人民教育出版社 2020 年第 2 版，第 5 页。

② 王宁《语文核心素养与语文课程的特质》，《中学语文教学》，2016 年第 11 期。

通过讲授和训练获得的，而是学生在自主梳理语言运用经验，探索语言运用规律的过程中建构起来的。

思维发展与提升需要学生能够做出直觉的判断，捕捉瞬间产生的灵感，通过联想与想象提升形象思维和直觉判断的能力；需要通过实证与推理引领学生逻辑思维能力的发展；需要通过批判与发现实现学生批判性思维水平的提高。在此基础上，充分发挥语文学科促进学生思维品质提升的价值，提高学生思维的全面性、深刻性与灵活性。

审美鉴赏与创造强调语文学习过程中的体验与感悟，以此帮助学生发展对美的感知能力、欣赏和评价能力，提高学生的审美情趣和审美品位，学习文学作品创造美、表达美的途径与方式，进而学会用语文的方式表现美，用语文的方式创造美。

文化传承与理解首先强调意识与态度，即用什么样的意识和态度选择与继承传统文化，如何包容与借鉴外来文化，怎样关注与参与当代文化。语言不仅是文化的重要组成部分，而且是文化的重要载体，学生在学习语言文字的同时受到文化的熏陶，有助于文化理解的深入和文化认同的增强，进而文化修养得以丰厚，文化自觉和文化自信得以形成。

三、语文学科核心素养的导向性

《普通高中语文课程标准》（2017 年版 2020 年修订）将语文学科核心素养细化为高中语文课程的 12 条具体目标①。

1. 语言积累与建构。积累较为丰富的语言材料和言语活动经验，形成良好的语感；在已经积累的语言材料间建立起有机的联系，在探究中理解、掌握祖国语言文字运用的基本规律。

---

① 中华人民共和国教育部《普通高中语文课程标准》（2017 年版 2020 年修订），人民教育出版社 2020 年第 2 版，第 5~7 页。

2.语言表达与交流。能凭借语感和对语言运用规律的把握，根据具体的语言情境和不同的对象，运用口头和书面语言文明得体地进行表达与交流；能将具体的语言文字作品置于特定的交际情境和历史文化情境中理解、分析和评价。

3.语言梳理与整合。通过梳理和整合，将积累的语言材料和学习的语文知识结构化，将言语活动经验逐渐转化为具体的学习方法和策略，并能在语言实践中自觉地运用。

4.增强形象思维能力。获得对语言和文学形象的直觉体验；在阅读与鉴赏、表达与交流、梳理与探究活动中运用联想和想象，丰富自己对现实生活和文学形象的感受与理解，丰富自己的经验与语言表达。

5.发展逻辑思维。能够辨识、分析、比较、归纳和概括基本的语言现象和文学现象，并能有理有据地表达自己的观点和阐述自己的发现；运用基本的语言规律和逻辑规则，判别语言运用的正误，准确、生动、有逻辑地表达自己的认识；运用批判性思维审视语言文字作品，探究和发现语言现象和文学现象，形成自己对语言和文学的认识。

6.提升思维品质。自觉分析和反思自己的语文实践活动经验，提高语言运用的能力，增强思维的深刻性、敏捷性、灵活性、批判性和独创性。

7.增进对祖国语言文字的美感体验。感受祖国语言文字独特的美，增强热爱祖国语言文字的感情。

8.鉴赏文学作品。感受和体验文学作品的语言、形象和情感之美，能欣赏、鉴别和评价不同时代、不同风格的作品，具有正确的价值观、高尚的审美情趣和审美品位。

9.美的表达与创造。能运用祖国语言文字表达自己的审美体验，表达自己的情感、态度和观念，表现和创造自己心中的美好形象；讲究语言文字表达的效果及美感，具有创新意识。

10.传承中华文化。通过学习运用祖国语言文字，体会中华文化的博大精深、源远流长，体会中华文化的核心思想理念和人文精神，增强文化自信，理解、认同、热爱中华文化，继承、弘扬中华优秀传统文化和革命文化。

11. 理解多样文化。通过学习语言文字作品，懂得尊重和包容，初步理解和借鉴不同民族、不同区域、不同国家的优秀文化，吸收人类文化的精华。

12. 关注、参与当代文化。关注并积极参与当代文化传播与交流，在运用祖国语言文字的过程中，坚持文化自信，提高社会责任感，增强为中华民族伟大复兴而奋斗的使命感。

上述 12 条目标构成了高中语文课程以核心素养为纲的目标系统，解决了文本为纲的散乱，规避了知识为纲的机械，弥补了行为训练为纲"过程与方法"目标的缺失，强调以学习情境中的语文活动为主线，统整文本、知识和行为训练。

怎样实现这样的目标定位？需要依靠学习任务群的实施。学习任务群是大单元的整体设计，是真实情境下的深度学习，是立足积极言语实践活动的学习主题，在教学导向上体现为以下四个方面。

（一）规定学习内容，增强语文课程的科学性

"指望语文教材内容的变革，前提是假设有语文课程内容、有确定的语文课程内容、有正确的语文课程内容、有与目标相一致因而能够形成目标能力的语文课程内容。"①

韩雪屏曾尝试建构语文课程内容的框架，提出"言语过程的基本规律""言语行为策略和实践活动""言语成品的经验内涵""经典选粹与文化常识"②四个要点。

学习任务群的提出改变了语文课程内容建构的思维方式和基本路径，学习任务群体现出近年来学界对语文课程内容的研究成果，18 个各自独立又相互联系的人文主题，实现了学习内容和学习情境的统整，"语文课程内容只是预设学生需要经历的语言实践活动给情境体系及其在具体情境中需要

---

① 王荣生《语文科课程论基础》，上海教育出版社 2003 年第 1 版，第 398 页。
② 韩雪屏《语文课程内容建构刍议》，《课程·教材·教法》，2008 年第 4 期。

完成的若干任务，学生将围绕这些学习任务群，关注语言文字运用的事实和过程并发现问题，培养对问题的敏锐意识和探究意识，追求思维创新和表达创新，发展语文核心素养"①。

（二）组合学习要素，促进语文教学的综合性

落实学习任务群的教学"一要具有'任务'意识，善于将学习内容'任务化'；二要增强'整体'意识，用任务群的整体目标统摄不同的学习内容和学习活动；三是提高'统筹'能力，恰当处理不同任务群之间的关系"②。学习任务群涉及的言语实践活动并非"原生态"的语文生活，而是基于语文课程的总体目标，立足学生语文核心素养发展的基本过程筛选出来的教学形态中的言语实践活动。学生需要在教师指导下，借助所学的语文知识分析、解决问题，在此过程中，阅读与鉴赏、表达与交流、梳理与探究等学习内容综合体现，基础知识的积累、基本技能的提高整体推进，价值观、必备品格、关键能力的形成与发展融为一体。具体到教学中，思维发展与提升、审美鉴赏与创造、文化传承与理解总是在语言建构与运用的过程中实现，在不同的学习情境中，学生分析理解、综合运用所学知识解决问题的能力综合发展。

（三）强化自主学习，体现语文课程的实践性

学习任务群在能力要求上，充分体现出语文课程实践性的特点。"所谓学科能力，通常有三个含义：一是学生掌握某学科的一般能力，二是学生在学习某学科时的智力活动及其有关的智力与能力的成分；三是学生在学习某学科的学习能力、学习策略与学习方法。一种学科能力的构成，应该从相关的三个方面来分析：某学科的一般能力是这种学科能力的最直接的体现；一切学科能力都要以概括能力为基础；某学科能力的结构，应有思

---

① 管贤强《学习任务群：回归语言实践特质的课程内容重构》，《语文建设》，2018年第4期。

② 郑桂华《高中语文学习任务群的教学建议》，《中学语文教学》，2017年第3期。

维品质参与。"①同步提高三个方面的能力,需要在实践性的课程中搭建各种能力发展的平台。

例如"科学与文化论著研习"的"学习目标与内容"为"选择阅读简明易懂的自然科学和社会科学类文论、著作（节选），领会不同领域科学与文化论著的内容，培养科学态度和创新精神。撰写内容提要和读书笔记，学习体验概括、归纳、推理、实证等科学思维方法，把握科学与文化论著观点明确、逻辑严密、语言准确精练等特点"②。这一目标定位涉及阅读科学与文化论著的特殊能力"科学态度和创新精神"；涉及一般的语文学习能力"撰写内容提要和读书笔记"；还涉及学生完成这一任务群需要的学习能力"概括、归纳、推理、实证"，以及学习策略——关注科学与文化论著的观点、逻辑和语言特点。孟德斯鸠认为典型是最普遍最有代表性的东西的集合，学习任务群在能力要求上体现了语文学习的普遍特征，突出了语文课程的实践性。

（四）选择特定情境，提高语文学习的参与性

任务群中的"任务"，跟真实的语言运用联系，即学生在学语言的过程中用语言，在此过程中提升素养。学生用语言写汇报，需要先做调查研究，得出结论，按照一定的格式呈现；学生撰写评论，需要在不同的资料中形成观点，选择最为精简有力的材料证明观点；要做一次演讲，需要有明确的目的、对象，使用能够达成演讲目的的语言方式。设计学生感兴趣的学习语文的任务，用这个任务引领学生的语文学习。

---

① 饶杰腾《语文学科教育学》，首都师范大学出版社 2000 年第 1 版，第 157 页。
② 中华人民共和国教育部《普通高中语文课程标准》（2017 年版 2020 年修订），人民教育出版社 2020 年第 2 版，第 25 页。

①

第二节　作为课程内容的高中语文学习任务群

按照《普通高中语文课程标准》（2017年版2020年修订）规定，普通高中分为三个学段：必修、选择性必修和选修。学习任务群的整体分布情况如表3-1所示。

表3-1　普通高中语文课程结构

必修	选择性必修	选修
整本书阅读与研讨	整本书阅读与研讨	整本书阅读与研讨
当代文化参与	当代文化参与	当代文化参与
跨媒介阅读与交流	跨媒介阅读与交流	跨媒介阅读与交流
语言积累、梳理与探究	语言积累、梳理与探究	汉字汉语专题研讨
文学阅读与写作	中华传统文化经典研习	中华传统文化专题研讨
思辨性阅读与表达	中国革命传统作品研习	中国革命传统作品专题研讨
实用性阅读与交流	中国现当代作家作品研习	中国现当代作家作品专题研讨
	外国作家作品研习	跨文化专题研讨
	科学与文化论著研习	学术论著专题研讨

综观上表列出的18个学习任务群，可以看出其不同类型，有些关注学习内容本身，如"整本书阅读与研讨""语言积累、梳理与探究"；有些体现学习材料的不同功能，如"文学阅读与写作""思辨性阅读与表达""实用性阅读与交流"；有些突出强调学习领域和方式，如"当代文化参与""跨媒介阅读与交流"。不同学段的学习任务群在整体安排上体现出三个特点。

一、贯串：相近内容跨越学段、持续关注

18个学习任务群设置了贯串必修、选择性必修和选修三个学段的学习

---

① 　本书部分内容曾以《语文学科核心素养：语文课程目标的统整与重构》为题发表于《语文教学通讯》（高中刊）2018年第6期。

内容，即"整本书阅读与研讨""当代文化参与"和"跨媒介阅读与交流"。

这三个学习任务群的共同特点为：贯彻国家立德树人的教育方针，拓展语文学习的领域和边界，满足学生未来生活和学习的需要。其学习内容影响着高中生未来的人生取向，决定着高中生价值观念的形成、文化自信的树立，以及用正确的价值观念和文化信念接受和传递当代社会各类信息的能力。贯串三个学段，让学生持续关注这些学习内容，学会学习，形成学习习惯，养成三个任务群要求的行为习惯和思想方法，进而实现自觉推进、自主发展的课程目标。必修阶段，是学会学习的过程，师生共同选定学习内容，体验学习过程，提炼学习成果，积累学习经验，在选择性必修和选修阶段，学生自主完成上述过程，最终形成未来社会合格公民应有的语文素养。

二、循环：相关内容重复出现、循序渐进

不同学习任务群的内容之间有比较清晰的联结路径，具有重复出现、循序渐进的特点。具体表现可以分为以下两种。

（一）不同学习任务群在学习目标与内容上的重复

"思辨性阅读与表达"和"实用性阅读与交流"在学习目标与内容的安排上体现出较为明显的重复性，列表对比如下。

表 3-2 "思辨性阅读与表达""实用性阅读与交流"学习目标与内容的对比

"思辨性阅读与表达"学习目标与内容 [1]	"实用性阅读与交流"学习目标与内容 [2]
（1）阅读古今中外论说名篇，把握作者的观点、态度和语言特点，理解作者阐述观点的方法和逻辑。阅读近期重要的时事评论，学习作者评说国内外大事或社会热点问题的立场、观点、方法。在阅读各类文本时，分析质疑，多元解读，培养思辨能力。	（1）学习多角度观察社会生活，掌握当代社会常用的实用文本，善于学习并运用新的表达方式。 （2）学习运用简明生动的语言，介绍比较复杂的事物，说明比较复杂的事理。

---

① 中华人民共和国教育部《普通高中语文课程标准》（2017年版2020年修订），人民教育出版社2020年第2版，第19页。
② 中华人民共和国教育部《普通高中语文课程标准》（2017年版2020年修订），人民教育出版社2020年第2版，第20页。

"思辨性阅读与表达"学习目标与内容①	"实用性阅读与交流"学习目标与内容②
（2）学习表达和阐发自己的观点，力求立论正确，语言准确，论据恰当，讲究逻辑。学习多角度思考问题。学习反驳，能够做到有理有据，以理服人。 （3）围绕感兴趣的话题开展讨论和辩论，能理性、有条理地表达自己的观点，平等商讨，有针对性、有风度、有礼貌地进行辩驳。	（3）具体学习内容，可选择社会交往类的，如会谈、谈判、讨论及其纪要，活动策划书、计划、制度等常见文书，应聘面试的应对，面向大众的演讲、陈述和致辞；也可选择新闻传媒类的，如新闻、通讯、调查、访谈、述评，主持、电视演讲与讨论，网络新文体（包括比较复杂的非连续性文本）；还可选择知识性读物类的，如复杂的说明文、科普读物、社会科学类通俗读物等。

对比上述两个学习任务群的"学习目标与内容"，重复出现的内容可以概括为三个关键词：社会生活、讲究逻辑和表达交流。两个学习任务群集中指向"课程目标"中的"发展逻辑思维"和"提升思维品质"。

思维能力的提高、思维品质的提升都不能一蹴而就，需要在学习过程中反复强调，逐步落实。"学习目标与内容"上的重复意在提示师生关注课程目标的分解与达成，统整相关学习内容，展现思维发展与提升的历程。

（二）相近学习任务群在学习目标与内容上的升级

"中华传统文化经典研习"与"中华传统文化专题研讨"两个任务群在学习内容上比较相近，但在目标要求上重复中有提高，列表对比如下。

---

① 中华人民共和国教育部《普通高中语文课程标准》（2017年版2020年修订），人民教育出版社2020年第2版，第19页。
② 中华人民共和国教育部《普通高中语文课程标准》（2017年版2020年修订），人民教育出版社2020年第2版，第20页。

表3-3 "中华传统文化经典研习""中华传统文化专题研讨"学习目标与内容对比

"中华传统文化经典研习"学习目标与内容①	"中华传统文化专题研讨"学习目标与内容②
（1）选择中国文化史上不同时期、不同类型的一些代表性作品进行精读，体会其精神内涵、审美追求和文化价值。 （2）在特定的社会文化场景中考察传统文化经典作品，以客观、科学、礼敬的态度，认识作品对中国文化发展的贡献。	（1）选读体现传统文化思想精华的代表作品，参阅相关的研究论著，确定专题，进行研讨。加强理性思考，增进对中华文化核心思想理念和中华人文精神的认识和理解，体会中华文化创造性转化和创新性发展的趋势。
（3）梳理所学作品中常见的文言实词、虚词、特殊句式和文化常识，注意古今语言的异同。 （4）阅读作品应写出内容提要和阅读感受。选择一部（篇）作品，从一个或多个角度讨论分析，撰写评论。 （5）学习传统文化经典作品的表达艺术，提高自己的写作水平。	（2）阅读应做读书笔记。围绕中心论题进行有准备的研讨，围绕专题选择合适的方式展示探究的成果。 （3）进一步提高文言文阅读能力。尝试阅读未加标点的文言文。阅读古代典籍，注意精选版本。

　　两个学习任务群的"学习目标与内容"在四个方面体现出"升级"：从广泛了解到专题研究，从认识精神内涵到了解当代价值，从记录阅读感受到提炼探究成果，从积累文言词句到提高文言文阅读能力。在2000年的《全日制普通高级中学课程计划》（实验修订稿）中，研究性学习是作为一门独立的课程的存在的，是一门超越学科的、以探究为学习方式的、独立的综合课程，目标定位为"获得亲身参与研究探索的体验""培养发现问题和解决问题的能力""培养收集、分析和利用信息的能力""学会分享与合作""培养科学态度和科学道德""培养对社会的责任心和使命感"③，"研究性学习"在研究内容上向学生整体的生活世界开放，挖掘学生本人、社会

① 中华人民共和国教育部《普通高中语文课程标准》（2017年版2020年修订），人民教育出版社2020年第2版，第21页。
② 中华人民共和国教育部《普通高中语文课程标准》（2017年版2020年修订），人民教育出版社2020年第2版，第27页。
③ 编写组《普通高中研究性学习实施指南》（试行），《中小学管理》，2001年第7期。

生活和自然界中的研究课题，强调对所学知识、技能的实际运用，注重学习的过程和学生的实践与体验。《普通高中语文课程标准》（2017年版2020年修订）发展了2000年课程计划的理念，从"经典研习"到"专题研讨"即为学生体验学习过程、提炼学习成果的过程，"经典研习"是"专题研讨"的基础，"专题"是特定的、需要专门研究或讨论的问题，能够帮助学生从个人经验的总结上升到一般规律的探究，实现合作探究、任务导向的学习方式变革。

重复或升级相关学习目标和内容，符合高中生学习的一般规律——先掌握学习某个内容领域的方法，然后再次进入相近或同一内容领域，运用先前的经验开展学习实践，在此过程中完善学习方法，形成更为成熟的学习经验。

三、融通：内容方法相互照应、综合发展

学习任务群是统整情境、内容、方法和资源的语文课程内容系统，18个学习任务群在内容方法上表现出相互照应、综合发展的特点。"整本书阅读与研讨"是第一个学习任务群，要求学生探索门径、积累经验，在指定范围内阅读一部长篇小说、一部学术著作，利用书中的目录、序跋、注释等，学习检索作者信息、作品背景、相关评价等资料，深入研读作家作品；联系个人经验，深入理解作品，享受读书的愉悦，用自己的语言撰写全书梗概或提要、读书笔记与作品评介等。

在其他学习任务群中，多次出现与上述学习目标与内容照应的要求。其中"跨媒介阅读与交流"提出"教师可引导学生自主选择有关跨媒介的普及性著作进行研习"；"实用性阅读与交流"要求学生"自主选择一部介绍最新科技成果的科普作品或流行的社会科学通俗作品阅读研习"；"汉字汉语专题研讨"要求学生"结合汉字、汉语普及读物的阅读"完成专题研讨任务；"中国革命传统作品专题研讨"要求"精读一部老一辈无产阶级革命家的诗文专集""精读一部反映党领导人民进行革命、建设、改革伟大历程

的长篇文学作品"；"跨文化专题研讨"要求"选读一本外国文学理论名著，了解世界文学批评中某一流派的基本主张和文学解读方法；或者选读一本研究中外文学或文化比较的著作，尝试运用其中的观点研读以前读过的作品。"以上学习任务群的阅读内容既涉及长篇小说，又涉及学术著作，是对"整本书阅读与研讨"在学习目标与内容上的呼应。

学习方式是个体在进行学习活动时表现出的具有偏好性的行为方式和特征，反映个体在学习活动中的差异，与个体的性格及学习习惯密切相关。18 个学习任务群呈现出多样的学习方式："整本书阅读与研讨"突显组织交流学生阅读整本书的成功经验，"当代文化参与"强调建设各类语文学习共同体，"跨媒介阅读与交流"关注实例分析与研讨，"语言积累、梳理与探究"特别提出专门文章的阅读策略，"思辨性阅读与表达"重视社会调查研究与探究性学习，"跨文化专题研讨"要求利用社会实践参与跨文化交流，利用网络参与跨文化课题研讨……究其根本，不同任务群提示的学习方式落实了"自主、合作、探究"的变革方向，用具体的学习方式与策略促进学生学习能力的发展。新时代教育要求发现并培育学生的个性特长，多元的学习方式能够满足学生个性发展的需求，帮助学生形成独特的学习风格。

在学习资源的配置与照应上，各个学习任务群之间也有内在联系，如"当代文化参与"可与其他学习任务群组合，设计一些课内外相结合的学习活动；"学术论著专题研讨"提出学术著作选读应在"科学与文化论著研习"学习的基础上，结合"整本书阅读与研讨"进行。

研读《普通高中语文课程标准》（2017 年版 2020 年修订），可以看到 18 个学习任务群在时间上的延展，在学习目标与内容上的交叉，在学习方式上的重复，看到不同学习任务群的横向联系和纵向递进。在此基础上，建立起任务群之间的联结点，关注不同学习任务群从语感到语理、从文学到文化、从感悟到哲思的变化，明确内容领域相近的学习任务群之间的关系——在能力发展上的衔接递进，在学习内容上的拓展深入。

第三节 高中语文学习任务群的教学方案

三年的实践，在解决教学难点的过程中，我逐渐开始关注高中语文学习任务群教学方案设计的基本策略。2019 年 9 月，部编版《普通高中教科书 语文》正式进入使用阶段，如何用好部编版教材实现高中语文学习任务群的变革理念？我个人认为需要在以下三个方面探索教学方案的设计思路。

一、依托教科书自然单元的教学设计

部编版《普通高中教科书 语文》以学习任务群组织单元，以主题聚合、打破文体、单篇加多篇的方式编选课文，设计指向整合与实践的单元学习任务，其编写思路主要体现为以下六个方面。

1. 整体规划、有机渗透、自然融入社会主义核心价值观，落实立德树人的根本任务。

2. 以语文核心素养为本，以学习任务为路径，强化学生学习的主体性和实践性。

3. 重视整合与实践，创新单元内部组织方式，使语文学习更接近真实的语文实践生活。

4. 以学习任务为核心，强调真实情境下的语文活动，追求结构化的任务设计。

5. 既强调整合，又强调写作教学的相对独立性，让学生的书面表达训练落到实处。

6. 重视语言积累、梳理与探究，以不同形式强化语言建构与运用这一语文基础素养。

在单元设计上，部编版《普通高中教科书 语文》分为两类，一类是以读写为主的单元，一类是以综合实践活动为主的单元。各单元拟定对应的学习任务群如表3-4所示。

表3-4 《普通高中教科书 语文》单元与学习任务群的对应关系

单元	必修（上）	必修（下）	选择性必修（上）	选择性必修（中）	选择性必修（下）
一	文学阅读与写作（一）	思辨阅读与表达（二）	中国革命传统作品研习（一）	中国革命传统作品研习（二）	中华传统文化经典研习（三）
二	实用性阅读与交流（一）	文学阅读与写作（四）	中华传统文化经典研习（一）	科学与文化论著研习（一）	中国现当代作家作品研习
三	文学阅读与写作（二）	实用性阅读与交流（二）	外国作家作品研习（一）	中华传统文化经典研习（二）	中华传统文化经典研习（四）
四	当代文化参与	跨媒介阅读与交流	语言积累、梳理与探究（二）	外国作家作品研习（二）	科学与文化论著研习（二）
五	整本书阅读与研讨（一）	实用性阅读与交流（三）			
六	思辨性阅读与表达（一）	文学阅读与写作（五）			
七	文学阅读与写作（三）	整本书阅读与研讨（二）			
八	语言积累、梳理与探究（一）	思辨性阅读与表达（三）			

依托部编版《普通高中教科书 语文》践行"单元整体设计"的理念，设计言语实践活动，已经出现了一批操作性强的教学案例，例如必修（上）第一单元的教学设计。

必修（上）第一单元编入《沁园春·长沙》《立在地球边上放号》《红烛》《峨日朵雪峰之侧》《致云雀》五首诗词，《百合花》《哦，香雪》两篇小说，对应"文学阅读与写作"任务群，设计思路如图3-1所示。

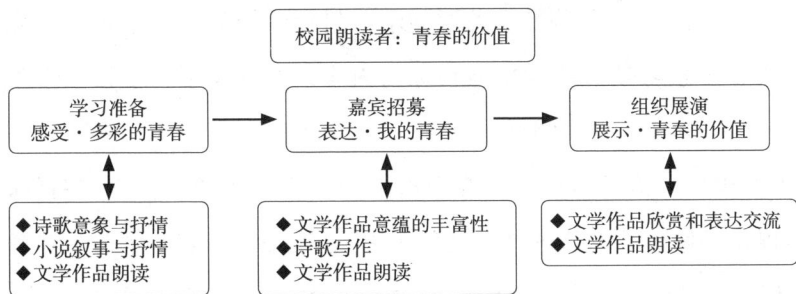

图 3-1　必修（上）第一单元教学设计 [1]

上面的教学设计设置了社会生活情境"以青春价值为主题的校园朗读者"，学习准备、嘉宾招募、组织展演三个学习项目是阶段化分解的关系，组织学生从诗歌意象与抒情、小说叙事与抒情、文学作品意蕴的丰富性以及文学作品写作与朗读等方面开展自主、合作、探究学习，获得文学作品的阅读体验，进而用文学作品朗读的方式呈现学习成果。依托教材自然单元，突出体现了单元整体设计的特点，"学习准备"阶段重点关注引导学生感受文学形象，品味作品语言，体验作者情感，"嘉宾招募"阶段提倡学生用诗歌的形式开展文学创作，"组织展演"阶段为学生创造了丰富审美体验、交流创作成果的机会，有效落实了"文学阅读与写作"的教学目标。特别值得关注的是，三个学习项目分别以不同的文学知识作为支撑，如诗歌意象与抒情、小说叙事与抒情、文学作品意蕴的丰富性等，学生完成学习项目的过程中自主梳理探究，有助于形成文学知识的基本结构。

二、整合教科书学习资源的教学设计

部编版《普通高中教科书　语文》的自然单元与任务群有对应关系，一个自然单元对应一个任务群，一个任务群对应多个自然单元，这样便于教科书的编写与呈现。就语文学习的自身规律而言，我们必须认识到，一个

_____

[1]　纪秋香《指向语文学科核心素养发展的单元教学整体设计——以普通高中语文统编教材必修上册第一单元为例》，《基础教育课程》，2020 年第 2 期。

自然单元可以落实多个学习任务群的学习目标与内容，多个自然单元可以集中落实一个学习任务群的学习目标与内容，在教学中需要根据学生的实际情况，有机整合、灵活调整。

"语言积累、梳理与探究"在教科书中拟定编写两个独立编写的单元，分别出现在必修（上）和选择性必修（上），其他的内容零散分布在教科书的各个组织系统中，其中文言现象与文化常识的分布计划如表3–5所示。

表3–5　《普通高中教科书　语文》文言现象与文化常识分布情况

学习内容	分布情况
虚词（1）"而"	必修（上）第10课"学习提示"
古代文化常识（1）纪年纪时	必修（上）第16课"学习提示"
虚词（2）语气助词	必修（下）第1课"学习提示"
古代文化常识（2）礼	必修（下）第2课"学习提示"
古代文化常识（3）称谓、座次	必修（下）第3课"学习提示"
实词（1）一词多义	必修（下）第一单元"单元学习任务"四
实词（2）古今汉语的贯通	必修（下）第15课"学习提示"
实词（3）古今意义的不同（一）	必修（下）第16课"学习提示"
断句翻译	必修（下）第八单元"单元学习任务"三
虚词（3）常见虚词的梳理	选择性必修（上）第二单元"单元学习任务"三
实词（4）古今意义的不同（二）	选择性必修（中）第9课"学习提示"
词类活用（1）意动用法和使动用法	选择性必修（中）第10课"学习提示"
词类活用（2）名词作状语	选择性必修（中）第11课"学习提示"
古汉语特殊句式	选择性必修（中）第三单元"单元学习任务"四
实词（5）偏义副词	选择性必修（下）第2课"学习提示"
古代文化常识（4）谦辞与敬辞	选择性必修（下）第9课"学习提示"
对文见义	选择性必修（下）第10课"学习提示"
虚词（4）古代汉语人称代词	选择性必修（下）第11课"学习提示"
词类活用（3）总结与梳理	选择性必修（下）第三单元"单元学习任务"三

本书实践笔记的第二节探讨了与"语言积累、梳理与探究"结合的写作任务设计，第五节集中讨论了"语言积累、梳理与探究"与"汉字汉语

专题研讨"在学习目标与内容、学习项目设计上的层次性与差异性，结合前面对"语言积累、梳理与探究"的目标阐释与学习项目案例，高中语文教学中的"语言积累、梳理与探究"应有整体布局与安排，必修和选择性必修的课时，不需要完全分配于独立编写的单元，而是要打通使用，根据学生语言材料积累的情况，按照整理与分类、归纳与概括、提炼与阐释的能力发展层级设计教学方案。语言材料在文本中的出现是无序的，学习项目可以不按照教材内容的先后顺序组织，但学习活动设计需要遵循发现提炼语言规律的一般过程，即有序积累、梳理、探究无序出现的语言材料。

整合教科书资源设计学习项目的前提确认学生言语实践活动中真实存在的问题，教学过程的重点在于设置情境帮助学生发现问题，自主探究，在解决问题的过程中实现"材料—现象—规律"的探索过程。比如借助一两个常用字意义的探究深入分析文言文中的人物形象，深入文本内涵，借此理解实词或虚词的字理与意义；请学生关注前人对同一词语的不同解释，在语言文字的网络中，探求词义的准确定位及其背后的意义信息，借此实现古今沟通。"优质语感要在这个过程中形成、巩固和提高，对语言的理性认识也要在这个过程中加深。频繁地发现问题，探讨内在的原因，对语言的感觉必然会越来越敏锐，处理问题和理解问题的能力也会越来越强，思维能力也就在这个过程中得以提升。"①

按照《普通高中语文课程标准》（2017 年版 2020 年修订）的设计理念，表 3–5 中列出的"知识点"需要融入学生的言语实践活动中，与其他领域的学习内容结合设计学习项目，有些可以"独立"设计教学方案，有些需要"归并"成为学习资源，有些需要与其他学习任务群的教学"统整"。

比如古代文化常识中的"礼""称谓""谦辞与敬辞"，虚词中的"人称代词"，可以统整为一个学习项目"小词语中的大'乾坤'——称谓语中的

---

① 王宁、巢宗祺《普通高中语文课程标准（2017 年版）解读》，高等教育出版社 2018 年第 1 版，第 115 页。

情感表达"，请学生整理阅读过的文言文中常用的称谓用词，从情感表达的角度分析礼仪、礼法、礼制，整合文言词语与文化常识的积累、梳理，帮助学生认识中华传统文化的核心理念。从语言材料的整理上来看，阅读《苏武传》《诗经·卫风·氓》的过程中应自觉提醒学生整理相关语言材料的摘录卡片，为后面的学习积累资源。

又如虚词（1）—（4）、实词（1）—（5）、词类活用（1）—（3）和古汉语特殊句式可以统整为一个学习项目"制作文言修炼手册"①，提供两种学习路径：以文言知识为纲，梳理现象；从文言现象出发，归纳规律。安排5个课时的学习：2课时主要运用"以文言常识为纲，梳理现象"的路径理解"虚词的用法"；2课时通过横向比较，即文言文的比较，运用"从文言现象出发，归纳规律"的路径理解判断句、被动句、省略句和倒装句等"文言特殊句式"；1课时通过纵向比较，即古今对照，将两种路径结合理解文言文中名词、动词、形容词的"词类活用"现象。最终借助思维导图将学习探究过程可视化，或以文言常识为纲，或从现象入手呈现理解文言现象的路径。

为更好达成某个学习任务群的学习目标，重组重构整合教科书的相关学习资源，调整教科书单元设置的自然顺序，要以充分理解《普通高中语文课程标准》（2017年版2020年修订）相关要求和教科书内在逻辑为基础，"整合单元"应该比自然单元更能满足本校或本区域学生学业发展的实际需求，更有利于语文学科核心素养的整体提升。

三、创建校本化学习单元的课程设计

创建校本化学习单元的教学设计，讨论的重点不在于"教学设计"，而是"校本化学习单元"，即围绕对学生或社会有重要意义的问题、议题设计课程，教师筛选问题或议题需要的相关知识，师生共同设计课程，共同经

---

① 本案例的设计者为北京一六一中学张悦老师。

历问题解决的全过程。创建校本化的学习单元，属于课程设计的整合或者校本课程开发的讨论范畴。

学校课程体系由多种类型、多种功能的具体课程构成。为了更好地发挥课程的功效，我国课程改革充分调动中央、地方、学校三类课程改革权力主体的积极性，寻求国家课程、地方课程与校本课程的内在统一。国家课程开发在解决课程的基础性与统一性方面具有优势，校本课程开发则为尊重具体学校环境及师生的独特性和差异性而存在，两种开发模式各具优势且互相补充。随着我国课程改革的不断深入，课程权力和责任不断下放，中小学校从课程的忠实执行者逐渐转变为课程的重要决策者。"课程实施的'行动落实观'，认为课程知识是情境的知识，课程知识是由教师与学生参与教室的实际课程发展与教学互动的历程与结果，强调教师在教室情境当中的实际课程行动与实践。"[1]中小学校是实现国家、地方、学校三级课程内在统一的实践主体。每所学校需要基于本校实际情况，根据国家和地方课程政策要求，将国家课程和地方课程校本化，并开发自己的校本课程，设计学校课程结构体系。

不同区域、学校，面对语文学科核心素养需要解决的问题有比较大的差异性，部编版高中语文教科书很难满足所有学生语文学科核心素养发展的要求，针对具体教育情境的独特性和差异性，教师需要创建校本化学习单元，立足学习任务群的学习目标与内容，选择学习资源，设置学习情境，安排学习过程与方法，匹配评价方案。这方面的案例可以参照本书"实用性阅读与交流"与"跨媒介阅读与交流"的相关材料，不再赘述。

---

[1] 黄光雄、蔡清田《课程设计：理论与实际》，五南图书出版有限公司1999年第1版，第243页。

后 记

  1996 年到 2011 年，我做了 15 年的高中语文教师。到北京教育学院工作后，"高中老师"是我常炫耀的角色标签，带着"干过"的骄傲。语文教学不好干，语文教师不好当，这是事实，我爱这一行，也是事实。刚离开高中讲台，导师"恐吓"我，"没有了一线的感觉，找不到理论研究的方向，你会不知所措"，我懂得导师的意思，在没有形成理论研究的路数之前，不能把"老本"耗空。我清醒、勤奋，很受刘伯承元帅"深信断行"的影响，确定了方向，大步向前，到现在还没撞过南墙，不知道撞上会不会回头。

  2014 年到 2017 年，我参与了《普通高中语文课程标准》（实验）的修订工作，跟着听会、讨论，以执行负责人的身份组织学业质量评价的工具开发、测试分析、报告撰写。那是一段无比艰难、忙碌的日子，所有交到手里的工作我都不会干，咬着牙硬挺，明明在会上觉得听懂了专家们的观点，落到文字上写不出来，落到工具上设计不出来，听的时候特兴奋，开始干活极焦虑。我身体的应激反应是发高烧，压力太大或者过于疲累就要烧三天，2016 年到 2017 年，我几乎每个月都发烧，提交报告前、正式汇报前都会发烧，开始还有点着急，后来居然是得意了——停止工作有了"不可抗拒"的理由。2018 年初《普通高中语文课程标准》（2017 年版）颁布，参加完三个层次的国家级培训，我才意识到真正的艰难尚未到来，这项工作长期处于"现在进行时"。

  凝练出语文学科核心素养的时候，我在会场上兴奋了好一阵，觉得有了更符合语文教学本质特点的核心概念；确定18个学习任务群的时候，我一边竭尽全力地理解专家组的观点，一边对照自己的教学经验，兴奋变成了惶恐；制定学业质量标准的时候，我已经初步理解了学习任务群的教学与评价理念，有了在一线落实理念、开展教学的信心。

只有兴奋和信心是不够的，语文教学变革的理念需要可观察、可测量的课堂教学载体。变革初期，需要一批真实的、有代表性的案例，这些案例不能完全来自北京，不能完全用静态的文字呈现，在不同区域研修现场的课堂教学展示更有说服力。

2017年11月，我接受四川省教育科学研究院段增勇老师的邀请，到巴州执教"实用性阅读与交流"；2018年4月，我再次接受段老师的邀请，到成都执教"整本书阅读与研讨"；2018年11月，我接受广西壮族自治区教育科学研究院蒋玉萍老师的邀请，到南宁执教"语言积累、梳理与探究"；2019年4月，受教育部课程中心委托，应褚树荣老师的邀约，到课程中心宁波实验区执教"跨媒介阅读与交流"；2019年9月，我接受湖北省《中学语文》杂志的邀请，到武汉执教"中华传统文化专题研讨"。五次异地执教，每次都"如临大敌"，每次都提前2—3天到达当地，为达到学习任务群教学组织形式和现场教学的要求，五所学校的学生大多跟我一起上了1—2天课，然后才是那节展示在老师们面前的研究课。五次备课，我都要求自己选择一个关键问题重点突破：如何体现学习语文的根本途径？如何实现目标发展的综合效应？如何整合学习内容、学习情境、学习方法和学习资源？如何设计一组学习项目组成任务群？如何体现任务群之间的关联性、层次性和差异性？从备课到上课通常要两个月，我完整地记录从备课到教学实践的过程以及过程中的思考，隔一段时间重看一遍工作笔记，补充记录新的认识与思考。特别幸运的是，2017年11月和2019年4月，王宁先生都在我上课的现场，全程听课还做了点评，王先生的学术站位高，研究范围广，经她分析，很有点"点铁成金"的意思，让我得意了好长时间。那两个案例，后来都按照王先生的指点在北京重新实践过，自己觉得有很大进步。其中"跨媒介阅读与交流"，还专门拜托北京四中语文组再次实践，尹强老师带着学生完成了学习过程，开发出极为丰富的学习资源，课程设计更有创意，这带给我很多新的视角和思路。

2018年，北京教育学院启动了"青蓝计划"高中语文项目，由许艳老师和我负责，我们商定组织学员研究学习任务群的教学。"青蓝计划"学员是各区选派经考试录取的优秀青年教师，底子好、干劲足、有想法，他们把学习任务群选为长时间共同关注的研究领域，出了不少高质量的成果。我自己的实践案例为青蓝学员讨论、完善教学方案打下了底子，"干过"确实值得骄傲。

2019年，语文出版社计划出一套"学习任务群教学实践"丛书，朱俊阳老师和我负责"语言积累、梳理与探究"，又一次饱受貌似懂得但做不出的折磨。跟王宁先生的讨论一直深入不下去，王先生的底蕴太深，我们接不住，我们够不上王先生的标准，王先生又不答应。整个暑假，开了四次讨论会，每次都觉得带来的"宝贝"转眼变"垃圾"，苦不堪言。好在，王先生舍得花时间给我们补课，从传统语言学到语言教学，不厌其烦；此外，王先生善于做思想工作，总能让我们"过山车"般的情绪平稳下来投入新的战斗。原定2019年8月交稿，一直拖到12月，其间我一边看稿子一边反思自己的教学实践，更正、调整自己对学习任务群的认识，决定开展并认真完成了"语言积累、梳理与探究"案例的再次实践。

参与"中华优秀传统文化进课程、进教材、进课堂"的研究项目，"中华传统文化专题研讨"成为我关注比较多的任务群，在湖北执教的时候定位为选修课程，后期还实践了选择性必修阶段的"中华传统文化经典研习"，力求体现不同学段任务群的拓展与延伸。"整本书阅读与研讨"是我一直关注的内容领域，前期的实践基础比较好。这就是书中案例的缘起与发展。

探索学习任务群教学的过程，很像做烘焙。从基础款的戚风蛋糕开始，为了做得好吃好看，不断购置烘焙原料、模具，香草蛋糕、布朗尼蛋糕、蔓越莓饼干、麻薯面包、松饼……每天早晨在厨房一阵搅拌整理装盘，等着"叮"的一声，弥漫的香气唤醒一家人围坐在餐桌边，品尝、讨论、确定下一次调整哪些原料，用什么模具，是否需要延长或缩短烤制时间。我特别喜欢手工制作面包，看着整理好的面团自由呼吸、膨胀，再次整理后第二次呼吸、膨胀，像是参与了它的成长。烤好的面包保有原麦的香气和揉出的韧性，带着用心打造的印记。有一次，学生的小孩吃我烤的鸡翅，心有不甘地提出建议"要是每个鸡翅都有金边就好了"，我快速回应："只需要多烤两分钟！"教学改进当然无法像"烤翅的金边"一样，多烤两分钟就能实现，但"用户视角"的改进建议同样重要，期待看到这本书的老师分享您的意见和建议，期待更多的同行一起切磋高中语文学习任务群教学实践。

吴欣歆
2020 年 4 月